致 读 者

正式阅读本书前请及时扫码获取

您的专属学习资源

助您成为真正卓有成效之人！

扫码获取

《卓有成效的管理者》中英对照电子书 | 有声书 | 章末简明电子题库

专家导读164分钟音频课 | 24节全书详解视频课

书友伴读互动交流社区

....

此码仅限激活1次

卓有成效的管理者

（55 周 年 新 译 本）

THE EFFECTIVE
EXECUTIVE

Drucker

[美] 彼得·德鲁克 著
PETER F. DRUCKER

辛弘 译

机械工业出版社
CHINA MACHINE PRESS

图书在版编目（CIP）数据

卓有成效的管理者：55周年新译本 /（美）彼得·德鲁克（Peter F. Drucker）著；辛弘译. -- 北京：机械工业出版社，2022.4（2024.6重印）

书名原文：The Effective Executive

ISBN 978-7-111-70363-1

I. ①卓… Ⅱ. ①彼… ②辛… Ⅲ. ①企业管理 Ⅳ. ①F272

中国版本图书馆 CIP 数据核字（2022）第 047142 号

北京市版权局著作权合同登记　图字：01-2006-1610号。

Peter F. Drucker. The Effective Executive.

Copyright © 1967, 1985, 1996, 2002, 2006, 2017 by Peter F. Drucker.

Foreword copyright © 2017 by Jim Collins. Afterword copyright © by Zachary First.

Simplified Chinese Translation Copyright © 2022 by China Machine Press.

Simplified Chinese translation rights arranged with HarperBusiness, an imprint of HarperCollins Publishers through Bardon-Chinese Media Agency. This edition is authorized for sale in the Chinese mainland (excluding Hong Kong SAR, Macao SAR and Taiwan).

No part of this book may be reproduced or transmitted in any form or by any means, electronic or mechanical, including photocopying, recording or any information storage and retrieval system, without permission, in writing, from the publisher.

All rights reserved.

本书中文简体字版由 HarperBusiness（HarperCollins 的分支机构）通过 Bardon-Chinese Media Agency 授权机械工业出版社在中国大陆地区（不包括香港、澳门特别行政区及台湾地区）独家出版发行。未经出版者书面许可，不得以任何方式抄袭、复制或节录本书中的任何部分。

本书翻译得到了容知日新、锐捷网络、VeSync、西安华中、志邦家居联合发起的纪念彼得·德鲁克翻译基金的资助，在此致谢！

卓有成效的管理者（55周年新译本）

出版发行：机械工业出版社（北京市西城区百万庄大街22号　邮政编码：100037）

责任编辑：李文静　闫广文　　　　　责任校对：马荣敏

印　　刷：北京联兴盛业印刷股份有限公司　　版　次：2024年6月第1版第17次印刷

开　　本：170mm×230mm　1/16　　　　印　张：14.5

书　　号：ISBN 978-7-111-70363-1　　　　定　价：79.00元

客服电话：（010）88361066　68326294

版权所有·侵权必究
封底无防伪标均为盗版

如果您喜欢彼得·德鲁克（Peter F. Drucker）或者他的书籍，那么请您尊重德鲁克，不要购买盗版图书，以及以德鲁克名义编纂的伪书。

CONTENTS ▶ 目录

推荐序（吉姆·柯林斯）

前言

引　言　有效管理者是由什么造就的　　1
获得必需的知识　　2
制订行动计划　　5
行动　　6
用"我们"来思考和说话　　13

第 1 章　有效是可以学会的　　14
为何需要有效管理者　　15
谁是管理者　　20
管理者面对的现实　　24
有效带来的希望　　32
有效真的可以学会吗　　35

第 2 章　认识你的时间	40
管理者面对的时间需求	43
时间诊断	51
精简浪费时间的活动	58
集中"可自由支配的时间"	65
第 3 章　我能做出什么贡献	70
管理者自己的追求	72
如何让专才有效	80
正确的人际关系	83
有效的会议	89
第 4 章　让长处富有成效	91
用人所长	92
管理上级	114
让自己有效	117
第 5 章　要事优先	122
抛弃昨天	126
优先任务与延迟任务	131
第 6 章　决策的要素	137
两个决策案例	139
决策过程的要素	147

第 7 章	有效的决策	170
	决策与计算机	187

第 8 章	结语：有效是必须学会的	194

跋（扎卡里·菲尔斯特） 203
译者后记（辛弘） 208

推荐序　德鲁克给我的十条教谕 ◀ FOREWORD

吉姆·柯林斯

如果你只想读一本关于管理者自我管理的书，《卓有成效的管理者》是当然之选。这是德鲁克最经典的一部著作。你的组织规模有多大不要紧，甚至你是不是在管理一个组织也没关系，任何一个需要对做好正确的事负责任的人，也就是**任何一个**尽力扑在少数几个影响最重大的优先任务上面的人，都是管理者（executive）。

有效性最高的人拥有的时间跟其他人一样多，差别在于他们的时间利用得更好，比天赋超群的人通常更是要好得多。德鲁克在本书开篇不久就指出，才华横溢的人往往"极其无效"。如果才华横溢的人尚且如此，那其他人哪还有什么希望呢？好在这世界上还有比希望好得多的东西：德鲁克的实践训导。

我第一次读《卓有成效的管理者》是在30岁出头的时候，这成为我自身发展的重要转折点。现在再读这本书，才意识到它给我的那些教谕打下的烙印有多深。它们几乎已经成为我的一套戒律。书中一些事例和词语或已过时，但德鲁克的洞见历久弥新，在50多年后的今天一如初版之时富有助益。下文是德鲁克和他这本书给我的十条教谕，我希望以此为大家开启一扇小门，去管窥这位史上最伟大的管理思想家的思想世界。

第一条：首先，管理你自己

"一个人能否真正管理他人还有待进一步证明，"德鲁克写道，"但管理自己是始终可以的。"如果对自己都没有取得上佳绩效的期待，又怎能对别人有这样的期待？德鲁克还提出了一条关于组织绩效的定理：领导者绩效与团队成员绩效之间的比值是固定不变的，因此如果你想提高大家的平均绩效，那么首先必须提高自己的绩效。

第二条：做自己最擅长的事

德鲁克有一个引人注目的观点：每个人对大多数事情都是不擅长的。于是，关键问题不在于如何把不胜任变成优秀，而在于思考"某人做得特别好的事是什么？"。这无疑会得出一个结论：你的首要责任是找到**自己**独特的能力，找到**你**做得特别好的事、**你**最擅长做的事，理顺自己的生活与事业。"盯着短处不放，不仅愚蠢，而且不负责任。"德鲁克不客气地指出。那么，德鲁克提出的"用人所长"的准则，是不是意味着永不面对自己或他人的不足呢？是，又不是。如果你擅长的是长跑，那就不要试图去当橄榄球中线卫。如果哪个弱点直接妨碍了你充分发挥长处的作用，那就得去解决它。迈克尔·乔丹（Michael Jordan）在篮球生涯的后期，弹跳的高度和力量都已不如从前，于是他开始培养一种全新的能力：后仰跳投。他以此消除了妨碍自己发挥长处的一个重大弱点，把后仰跳投变成了制胜球场的新招数。做自己最擅长的事，是的，但要精益求精；消除短处，是的，但**只针对**妨碍长处得到发挥的那些短处。

第三条：以最高效的方式工作（并让别人也这样做）

如果把自己想象成一个工具，那么这个工具要怎样使用才能发挥出最大的功效？有人晚上效率高，有人早上效率高。有人习惯用读的方式获得信息，有人习惯用听的方式。有人专心做一件事最得心应手，有人喜欢不同的事换着做。有人是项目导向的，有人是流程导向的。有人需要休假，有人盼着假期赶紧结束。有人喜欢在团队里工作，有人单打独斗更能发挥作用。在德鲁克看来，我们都有自己的工作习惯，就像我们不是习惯用左手，就是习惯用右手。我很早就发现自己不能把创作时间从上午换到下午（上午效率总是更高），是德鲁克给了我信心在上午留出时间用于创作，并在创作的时候坚决闭门谢客。只有你自己才能承担起以最佳方式去工作的责任，而且行动得越早，就越是有充裕的时间去享受需要经年累月地努力才能获得的累积效应。

第四条：数算时间，并让时间算得上数

德鲁克教导大家，得到衡量的才会得到管理。因此，如果不能**精确**衡量时间花在了哪里，我们又怎能奢望管理好自己的时间呢？受德鲁克的启发，我做了一个电子表格，只记录一个关键指标——每天从事创造性工作的时长，并给自己定下每年至少 1000 个小时的目标。

尽管旅行、领导团队以及与管理者合作的需求越来越多，但这个做法让我得以持续开展创造性工作，也就是不断开展研究、提炼概念和写作。你也必须让自己的时间算得上数。德鲁克在书中写道，那些做了很多难事的人，其"秘诀"就在于**每次只做一件事**。他们不会让自己陷入"时间变得支离破碎便全无用处"的状态里浪费时间。这就要求把时间集中成整块去使用（主要分为三种类型）。首先，划出整块时间用于个人思考，最好安排在思维最清楚的时段；这种独处的时间每一段可能只有 90 分钟，但就算是最忙碌的管理者也应该定期思考。其次，留出整块的时间故意不做常规的安排，用于处理与人员相关的事务和突发事件。最后，参加真正重要的会议，利用这些精心安排的常规会议开展对话、讨论和决策；用于个人思考的时间要有一部分用于会前准备和会后跟进。

第五条：做更好的会议准备

"抱歉不得不写这封长信，因为我没有时间写短的。"这句俏皮话也可以套用在会议上："抱歉把你拖在这个长会上，因为我没有时间准备短会。"有效管理者有自己的方法充分发挥会议的作用，并会严格遵守这套方法。高效开会的方法很多，就像制作美味曲奇的方法一样丰富，但德鲁克着重介绍了两个最常见的要素：带着清晰的目的（"我们为什么开这个会？"）做准备以及严格跟进。那些能够充分发挥会议作用的人，花在会议准备上的时间会远多于实际开会的时间。准备不充分，会议就会开得又长又差。这是滥用其他人的时间，相当于浪费这些人的生命。我们都免不了主持或者参加会议，但应当仅限于那些最有用的会议；如果会议占据了你的大部分时间，有可能你正在浪费生命。

第六条：如果做一个决策就够了，不要做一百个

各种情形、机会、问题和意外总让我们应接不暇——它们貌似全都需要做出决策。是、否，批准、不准，买、卖，进攻、撤退，接受、拒绝，回复、无视，投资、收割，聘用……表面上看纷繁复杂，但有效性最好的人可以从混乱当中发现模式。在德鲁克看来，我们很少碰到真正独特和永不重复的决策。任何良好的决策都会有管理成本：它需要论证和讨论，需要时间反思和集思广益，需要花费精力确保执行到位。由于这些管理成本的存在，好得多的做法是站得更高，做出少数具有共性的、可以用于大量具体情境的决策，也就是从中发现模式——简而言之，就是**从混乱中提炼概念**。用沃伦·巴菲特（Warren Buffett）做投资决策来打比方。他学会了忽略绝大部分可能性，把它们几乎当成背景噪声。他只做为数不多的重大决策，例如转变投资思路，从以极低的价格购买平庸的公司转变为以好的价格购买出色的赚钱机器，然后一次又一次地重复使用这个具有共性的决策。在德鲁克看来，谁要是掌握了巴菲特"不作为也可能是非常聪明的行为"这个观点的精髓，他的有效性就会远高于那些做出成百上千个决策却无统一概念的人。

第七条：找到你可以发挥的重大而独特的影响

我有一位朋友，他在成为某一流大学校董会的主席之后，问了我

一个问题："我怎样才能判断自己是不是做得很出色？"我想了想德鲁克会怎样讲，然后回答他说："找到对学校的未来贡献最大的一件大事，然后调集各方的努力去做。如果你能做出一项独特的贡献，也就是做出一个没有你的领导就不会产生的重大决策（哪怕无人认可你所起的推动作用），那你就提供了出色的服务。"德鲁克自己在提供咨询服务时也是这样思考的。我曾经问他对客户有什么贡献，他谦虚地回答："通常我向他们学的比他们向我学的要多。"他有意停顿了一下，然后补充说道："当然，每一个客户都会做出一个绝对重大的决策，要是没有我，他们是不会做出这个决策的。"那么，少了你就不会产生的那个绝对重大的贡献是什么？

第八条：停止做那些你现在不会去启动的事

待办的事项清单越拉越长，却不把其中一些事项坚决停办，便是缺少自律的表现。专注于优先任务意味着要清除所有的杂事。如果调色板上堆满了调错的颜料，最好的处理方式可能是把颜料全都倒进垃圾桶，重新开始调色。最重要的是，我们不能因为忙于处理最大的问题和纠正过去的错误，就让我们最大的机会挨饿，而是要从过去转向未来，创造未来，并且不断思考："接下来做什么？"但是，过去留下的问题总在争夺我们的注意力，过去的一切积累成了当前必须面对的现实，我们又怎么做到这一点呢？德鲁克以提问的方式给出了他的答案，这是他武器库里威力最大的一件：针对你已经在做的某件事（进军一项业务，聘用一个人，制定一项政策，开始一个项目等），假如现在让你重新决定要不要去做，你会启动吗？如果你的回答是不会，那为什么还要死守着不放？

第九条：保持精干

德鲁克最重要的一个洞见是：组织与生物有一个重要的相似点，即内部机体的增长比表面积的增长更快，因此随着组织规模的增大，越来越多的精力用于内部事务的管理，而不是用于对外部世界做出贡献。德鲁克还指出了另一个真相：某个关键职位如果选对了人，那么这个人取得的成绩，会远超把这个职位的职责划分给多个B级选手所能取得的成绩之和。因此，要找到更好的人，把真正的大事交给他们去干，扩大他们的职责，让他们放手去干。要抵制住诱惑，不要为了某些人的特殊个性而重新设计职位（为了极其罕见的天才除外），因为那样必然会制造出你不需要的职位。"一个组织的人越少，规模越小，内部活动越少，"德鲁克写道，"这个组织就越接近完美。"

第十条：有用

我36岁那年，《产业周刊》（*Industry Week*）的主编汤姆·布朗（Tom Brown）想办法让德鲁克邀请我去加州克莱蒙特拜访。有一天我在斯坦福大学讲完课回到家中，打开留言电话，听到一个带奥地利口音的洪亮声音："我是彼得·德鲁克。"我后来打电话过去约日期，问是不是要跟他的助理确定时间，他却回答说："我就是秘书。"德鲁克生活简朴，没有员工，没有研究助理，也没有正式的办公室。他住着一幢普通的住宅，在其中一间空闲的卧室里工作，在与办公桌垂直的方向上有一张小桌子，上面端端正正地摆着一台老式打字机，他就在那里咔嗒咔嗒地打字、写作。他在起居室里会见那些叱咤风云的 CEO 时，不是坐在办公桌后，而是坐在藤椅上。他过着这样极简的生活，却是 20 世纪最有影响力的管理思想家。

我初次拜访德鲁克的那一天，是我人生当中最重要的十天之一。彼得一生致力于回答一个宏大的问题：我们怎样才能让社会变得既更有效率又更加仁爱？他待人的热情展示了自己的仁爱——他打开前门，双手握住我的一只手，说道："柯林斯先生，很高兴见到你，请进来。"他还不可思议地高产。我问他对自己写的 26 本书当中的哪一本感到最自豪，时年 86 岁的他回答说："下一本。"后来他又写了 10 本书。

那天快要结束的时候，彼得说的话让我顿悟。那时我正要辞掉斯坦福大学的教职，去开创自己的道路，颇有些惴惴不安。"我看你似乎花了很多时间思考怎么活下去，"彼得说，"你能活下去的。"他接着说："你看起来在怎么取得成功这个问题上花费了大量精力，但那是一个错误的问题。"他停顿了一下，接着说："正确的问题是，**怎么才能有用！**"他说这句话，就好似禅师在用竹杖重敲禅桌，直击我的内心。一位伟大的老师用 30 秒钟就能改变你的人生。

每个人都只有短暂的一生，每周只有同样的 168 小时。这会是怎样的一生？会怎么改变其他人的生活？会带来哪些不同？彼得·德鲁克，这个没有组织、住着普通房子、坐着藤椅的人，给我们示范了一个非常有成效的人可以做出多大的贡献，并让我们永远不要把所在组织的大小误认为是个人影响力的大小。最后，他达到了老师的最高境界：成为践行自己所授思想的榜样，成为自己一生给人诸多教谕并产生重大而持久影响的鲜活例证。

吉姆·柯林斯

科罗拉多州博尔德市

2016 年 5 月 17 日

PREFACE ▶ 前　言

　　管理书籍大多谈的是管理他人，本书的主题却是管理自己以求有效。一个人能否真正管理他人还有待进一步证明，但管理自己始终是可以的。不去管理自己以求有效的管理者，也就别指望他能管理同事和下属。管理总体上需要以身作则，因此管理者如果不知道怎么在工作中做到有效，就会给人树立错误的榜样。

　　要想做到相当有效，光有聪明、勤奋、博学是不够的。有效性（effectiveness）与它们既不能画等号，也无必然关系，但管理者要想做到有效，也不需要什么过人的天赋、特殊的才能或者特殊的训练，而是只要**做到**几件事就行，而且是相当简单的几件事。有效性由为数不多的几种惯常做法组成，它们便是本书探讨的主题。这些做法并非人"生而有之"。我当咨询顾问45年来，接触过大量的管理者，他们来自各种各样的组织（它们有大有小，有企业、政府、工会、医院、大学、社区服务机构，有美国的、欧洲的、拉美的、日本的），"天生"有效的管理者，我一个也没有见过。所有做到了有效的管理者，一定是学而有之，而且必须持续练习，直到成为习惯。所有持之以恒学习变得有效的管理者，也都做到了有效。因此，有效可以学会，也**必须**学会。

有效性是管理者获得报酬的原因，无论他们是需要对自己和他人绩效负责的经理（manager），还是只需要对自身绩效负责的专业的个体贡献者（individual professional contributor）。他们付出的聪明才智再多，花费的时间再多，如果有效性为零，"绩效"就为零。迄今为止，我们对有效管理者的关心很少，但这也没什么好奇怪的，毕竟组织还是一个新鲜事物。在100年前，工商企业、政府机构、工会、大型医院、大型高校这些组织，几乎就没有人接触过，那时人们跟组织打交道可能仅限于偶尔去当地邮局寄一封信。管理者的有效性，指的是管理者在组织当中并通过组织获得的有效性。那时谁也没有多少理由去关心有效管理者，或者说去在意有那么多管理者的有效性不高。但是，现在的情况不一样了。大多数人，特别是受过不少教育的人，其整个职业生涯都会在某种类型的组织当中度过。所有发达国家都已成为组织型社会（society of organizations），于是个人的有效性越来越依赖于他们在组织当中以及作为管理者取得有效性的能力。现代社会的有效性和正常运转的能力，甚至它的存续能力，都越来越取决于在各类组织当中担任管理者的人的有效性。有效管理者正在快速成为社会的一种关键资源，而作为管理者取得有效性正在快速成为对个人取得成绩和成就的头等要求——对职业生涯过半的中年人如此，对初入职场的年轻人同样如此。

引 言
有效管理者是由什么造就的[一]

有效管理者不需要是人们惯常认为的那种领导者。例如，哈里·杜鲁门（Harry Truman）毫无魅力，但他是美国历史上最有效的总统之一。我在长达65年的咨询生涯中，曾与许多企业和非营利组织的最优秀的CEO合作，他们当中有一些同样不属于那种领导者。就性格、态度、价值观、长处和短处而言，他们呈现出多样化的特征，从外向到内敛，从随和到霸道，从慷慨到吝啬，什么类型的都有。

他们成为有效管理者的原因，是他们遵循了以下8个惯常做法（practice）：

- 他们会问"什么事是必须做的？"
- 他们会问"什么事对企业来说是正确的？"
- 他们制订行动计划

[一] 本内容2004年6月独立成文发表于《哈佛商业评论》（*Harvard Business Review*）。——译者注

- 他们承担起决策的责任
- 他们承担起沟通的责任
- 他们专注于机会而不是问题
- 他们召开高效的会议
- 他们用"我们"而不是"我"来思考和说话

前两个做法赋予他们必要的知识，紧接着的四个做法帮助他们把知识转化为有效的行动，最后两个做法确保整个组织树立责任感并愿意承担责任。

获得必需的知识

第一个做法是探究什么事是必须做的。注意，问的不是"我想要做什么？"。要问的是"哪些事是务必去做的？"。认真思考和对待这个问题，是在管理上取得成功的关键。如果没有想过这个问题，管理者再怎么能干，也可能徒劳无功。

杜鲁门在 1945 年当选总统后，他很清楚自己想要做什么：完成罗斯福新政所倡导的，后因第二次世界大战（简称二战）而延误的经济和社会改革。但当他开始思考什么事是务必做的时，他便立即认识到外交事务才是真正的当务之急，于是他每天工作日程的第一项就是请国务卿和国防部长给他讲解外交政策，结果他成为美国历史上在外交事务方面最有效的总统，他推行的"马歇尔计划"引发了西方经济 50 年的增长。

同样，杰克·韦尔奇（Jack Welch）在成为通用电气公司的 CEO 之后，认识到虽然自己想要进行海外扩张，但公司必须做的不是这件事，而是要砍掉那些盈利虽丰，但无法成为行业老大或者老二的业务。

在回答"什么事是必须做的？"这个问题时，人们列出的紧急任务几乎总会不止一项，但是有效管理者不会因此分心，他们会千方百计聚焦于一项任务。如果他们属于那种改变一下节奏最容易进入状态的人（这种人虽只占一小部分，但为数也不少），他们会选定两项任务。但是，我还没有见过哪位管理者可以同时处理两项以上的任务，并且仍然保持有效的。所以，在回答"什么事是必须做的？"这个问题之后，有效管理者会确定哪些是优先任务，并且严守这个先后顺序。对 CEO 来说，第一要务可能是重新定义公司的使命；对业务单元负责人来说，可能是重新定义业务单元与总部之间的关系。至于其他任务，无论有多重要或有多大的吸引力，都会延后实施。但是，在完成之前确定的第一要务之后，管理者又会重设优先顺序，而不是照着原来的清单着手实施第二项。他会思考："现在什么事是必须做的？"这次确定的优先任务通常会是新的。

我们还是以美国最著名的 CEO 杰克·韦尔奇为例。他在自传中写到，每 5 年他就要思考一次这个问题："**现在**什么事是必须做的？"每一次他确立的优先任务都是新的。

但是，杰克·韦尔奇在决定未来 5 年把工作重点放在何处之前，会先把另外一个问题考虑清楚——他会问自己，这个清单上面最靠前的两三项任务，自己最适合承担其中哪一项。确定之后，他就会在这项任务上全力以赴，把其他的交给别人去做。有效管理者会设法专注于自己特别擅长做的事，因为他们知道：只有高层管理者的绩效好，企业的绩效才会好；反之亦然。

有效管理者的第二个做法与第一个同样重要，他们会问："这对企业来说是正确的事吗？"他们不会问，这对股东、股价、员工或者管理者是否正确。他们当然清楚，要想让决策有效，就必须得到股东、员工和管理者这些重要力量的支持，或者至少是得到这些人的默许。他们也知道，股价对股东和企业同样重要，因为市盈率决定了公司的资金成本。但是，他们也知道，凡是对企业来说不正确的决策，对其他利益相关者来说也都不会是正确的。

第二个做法对于在家族企业中任职的管理者，特别是在他们做人员决策的时候尤其重要——在很多国家都是由家族所有或家族管理的企业占大多数。在成功的家族企业中，家族成员只有比同级别非家族成员更加优秀（以可测量的标准做评判），才会得到晋升。杜邦公司就是这样。在该公司早年尚由家族管理时，所有高层管理者（除了总会计师和律师之外）都是家族成员。公司创始人的所有男性后裔进入公司都要从最底层做起，想要得到晋升就必须通过一个非家族成员占多数的评审小组的审查——只有在该小组判定他的能力和绩效均优于同一级别的其他所有员工时，他才会得到提升。J. Lyons 公司曾是英国一家非常成功的家族企业（现属某多元化企业集团），其在雄霸英国餐食服务和酒店业的 100 年间，也一直遵守着这个规则。

提出"什么事对企业来说是正确的？"这个问题，并不能保证决策必然正确。管理者再怎么优秀，终究也是人，免不了犯错误和心存成见，但如果不提这个问题，做出**错误的**决策就几乎是必然的。

制订行动计划

管理者是实干者，任务就是做事。知识在转化为行动之前对管理者毫无用处，但管理者在行动之前必须规划好自己的路线。他要思考想要得到什么结果，可能受到哪些约束，将来可能做出什么变更，中途需要哪些检查点，以及哪些因素可能影响时间的安排。

首先，管理者通过回答下面这些问题明确自己想要得到的结果："在未来18个月到两年的时间里，公司期望我做出哪些贡献？我要致力于取得什么成果？时限是多长？"其次，他要考虑行动可能受到的约束："这条行动路线是否合乎道德？在组织内能否被接受？合法吗？符合组织的使命、价值⊖和政策吗？"就算答案是肯定的，也不能保证行动就会有效，但如果违背这些约束条件，行动必然错误和无效。

行动计划是对意图的陈述，而不是死板的要求。不能让它成为束缚，而是应当经常修改，因为每一次行动，无论成败，都会带来新的机会。商业环境、市场状况，特别是企业内部人员的变化，也会带来新的机会——所有这些变化都要求对计划进行修改。在把计划落到纸上的时候，应当预见到它需要一定的灵活性。

再次，他还必须为行动计划建立一个对照期望检验结果的体系。

⊖ "values"在这里表示该组织旨在发挥什么作用，以何种形象示人或以何种地位立足于社会。之所以译为"价值"而不译成"价值观"，一来它不仅仅是组织关于价值的认识，它还是组织致力于创造的价值和达到的目的；二则"价值观"如今几乎已成为员工行为准则的代名词，大不同于该词在此处的含义。——译者注

有效管理者通常会在行动计划中设置两个检查点：一个安排在计划时段的中间点，比如 18 个月的计划在第 9 个月设检查点；另一个安排在计划时段的终点（在制订下一个行动计划之前）。

最后，行动计划必须成为管理者时间管理的基础。时间是管理者最稀缺和最宝贵的资源。无论组织属于哪种类型，是政府机构、企业，还是非营利组织，它们本质上都会造成时间的浪费。除非管理者能按行动计划确定怎么使用自己的时间，否则这个计划不会有任何用处。

据传，拿破仑说过没有哪场胜仗是按计划取得的，但他还是会精心部署每一次战斗，比过去的任何一位将军都要细致得多。没有行动计划，管理者就会成为事件的囚徒。如果不设置检查点，不随着事件的发展对计划加以检查，管理者就无从判断哪些事件是真正重要的，哪些不过是噪声罢了。

行　　动

管理者在把计划转化为行动的时候，必须特别注意决策、沟通、机会（而非问题）和会议等事项。下面，我会对它们逐一讨论。

承担决策责任

在人们清楚以下事项之前，决策就不算已经完成：

- 谁对决策的执行负责

- 最后期限
- 哪些人会受到决策的影响，因此必须知道、理解和赞成（至少不强烈反对）这个决策
- 必须把决策通报给哪些人，就算决策对他们并无直接影响

大量的组织决策之所以碰到麻烦，就是因为没有解决这些基本事项。例如，30年前，我的一个客户在快速增长的日本市场上丧失了领导地位，原因就在于：该公司决定与新的日本合作伙伴成立合资企业，但一直没有明确由谁来告诉采购人员这个合作伙伴的产品规格用的是公制而不是英制——从来没有人传递过这个信息。

同样重要的是定期（也就是按事先确定的时间）评审决策，一如最初精心制定决策。这样，即使决策不当也会在真正造成损失之前得到纠正。评审的内容，包括从行动结果到决策背后的假设等所有事项。

这样的评审对人员聘用和晋升决策尤其重要。这些决策是所有决策当中最关键而又最难制定的。研究表明：这些任用决策真正成功的只有1/3；另有1/3结果平平，既不算成功，也不是完全失败；剩下的1/3是彻底的败笔。有效管理者清楚这一点，所以他们会检查任用决策的结果（一般在做出决策的6~9个月之后）。如果发现决策没有取得预期结果，他们不会下结论说是此人没有履行职责，而是会认为是自己犯了错误。管理得当的企业认为，如果有人不能胜任新的岗位，尤其是在升职之后，过错也许不在这些人身上。

管理者还对组织和同事负有义务，不让绩效差的员工占据重要岗位。绩效不理想也许不是员工自己的错，但还是必须把他们换掉。履

新失败的人应该有机会回到原有级别和工资水平的岗位上去。不过，很少有人会这么做；这些人通常会自愿离职，至少在美国公司如此。但是，这样一个选择权的存在对组织很有好处，因为它可以鼓励人们离开安稳和舒适的岗位，去接受有风险的新职务。组织的绩效取决于员工大胆尝试的意愿。

系统化的决策评审还是一个强大的自我发展工具。管理者把事前期望和实际结果两相对照，可以发现自己的长处所在，了解在哪些方面需要提高，明白在什么地方缺少知识或信息，认清自身存在什么偏见，还常常可以领悟到决策之所以没有产生成果，是因为他们没有为这个岗位找对人。把最优秀的人安排到适合的岗位上去，是一项极其重要和艰巨但又常被管理者轻视的工作，原因之一是这些最优秀的人已经太忙碌了。系统化的决策评审还可以揭示管理者自身的不足，特别是揭示他们完全不胜任的领域。聪明的管理者会避免在这些领域做决策或采取行动，而是交给别人去做。这样的领域人人都有。世上不存在全能型天才管理者。

大部分有关决策的讨论都认为只有高级管理者才需要做决策，或者只有高级管理者的决策才重要。这是一种危险的误解。事实上，从个体贡献者和一线主管开始，组织的各个层级都要做出决策。知识型组织有一些决策显然属于较低层级，但它们极其重要。知识工作者（knowledge worker）对自身专业领域（例如税务会计）的了解通常会超过其他任何人，因此他们的决策有可能会对整个公司产生影响。无论在哪个层级，良好的决策能力都是一项至关重要的技能。知识型组织有必要把这项技能明确无误地传授给所有的员工。

承担沟通责任

有效管理者会确保自己的行动计划和信息需求都得到理解。具体来说，这意味着他们会与所有同事（包括上级、下级和同级）分享自己的计划，并征询这些人的意见。同时，他们会让每一个人都知道，自己开展工作需要哪些信息。下级为上级提供的信息通常是最受重视的，但管理者对同级和上级的信息需求必须同等重视。

切斯特·巴纳德（Chester Barnard）在1938年出版的经典著作《经理人员的职能》(*The Functions of the Executive*)中指出，维系组织的不是所有权或者命令，而是信息。但是，太多管理者表现得就好似信息及其流动仅仅是信息专家（例如会计人员）的职责，结果他们得到了大量自己并不需要也无法利用的数据，真正需要的信息反倒掌握不多。解决这个问题最好的办法，就是每个管理者都明确自己需要哪些信息，主动索取，不停地敦促，直到获得信息。

专注于机会

优秀的管理者专注于机会而不是问题。当然，问题必须解决，不能藏着掖着，但不管多么有必要，解决问题都不会创造成果，充其量是防止损失。只有利用好机会，才能产生成果。

最重要的是，有效管理者把变化视为机会而非威胁。他们系统地观察公司内外的变化，然后思考："我们怎样才能把这些变化用作企业发展的契机？"具体地说，管理者可以从下面七种情境中搜寻机会：

- 本企业、竞争对手或者行业内某次意外的成功或者失败

- 市场、流程、产品或者服务的现状与理想状态之间的差距（例如，19世纪的造纸业只关注每棵树可以制成纸浆的那10%，对另外90%的木料所蕴含的机会视而不见，把它当废物处理）
- 流程、产品或者服务的创新，包括企业内外和行业内外的创新
- 行业结构或市场结构的变化
- 人口变化
- 思维模式、价值观、感知、心理或者意义的变化
- 新知识或者新技术

有效管理者还要确保问题不会凌驾于机会之上。大部分公司的管理月报，都是在第一页列举主要问题，但更加聪明的做法是第一页列举机会，第二页再列举问题。除非面临真正的大灾难，否则在机会没有得到分析和妥善处理之前，管理层会议不要去讨论怎么解决问题。

专注于机会还涉及另一个重要领域——用人。有效管理者把最优秀的员工用于把握机会，而不是用于解决问题。围绕机会用人有一种方法，那就是要求管理团队的每个成员每六个月编制两份清单，一份列出全公司的机会，另一份列出全公司绩效最突出的人员，讨论后合并成两份总清单，把最好的人员与最好的机会做匹配。顺便说一下，日本的大企业或者政府部门把这种匹配当作人力资源管理的一项主要任务，这种做法也是日本企业的重要优势之一。

让会议富有成效

在二战期间和此后的若干年内，美国最抢眼、最有影响力，可能

也是最有效的非政府管理者，并非哪位商界人士，而是罗马天主教纽约总教区的枢机主教弗朗西斯·斯佩尔曼（Francis Cardinal Spellman），他担任过多位美国总统的顾问。斯佩尔曼上任时的纽约教区一贫如洗，人员也了无生气，但等到他交班的时候，纽约教区已成为美国各教区中的楷模。斯佩尔曼常说，除了睡觉之外，他每天只有两段各25分钟的独处时间，一段是在私人祈祷室做早弥撒，另一段是睡前做晚祷。其余时间他都在开会，接待一个又一个天主教组织，从早餐开始直到晚餐才会结束。

高级管理者受到的束缚，不会像天主教重要教区的大主教那么多，但所有对管理者工作时间的研究都表明，哪怕是级别较低的管理者和专业人员，每个工作日都有一半以上的时间是和其他人在一起的，也就是说在参加某种形式的"会议"，唯一的例外是少数高级研究人员。即使谈话对象只有一个人，也算是开会。所以，管理者要想有效，就必须让会议有成效。他们必须确保开会是谈工作，而不是闲聊。

召开有效会议的关键是先确定会议的类型，因为不同类型的会议要求不同形式的准备工作，取得的结果也会不同。

声明、公告或者新闻稿的准备会议。这种会议要富有成效，会前必须有人写好初稿，会后必须指定成员负责发布终稿。

宣布事项的会议，例如宣布一项组织变革。会议内容应当仅限于宣布的事项以及对此展开的讨论。

听取单个成员报告的会议。除了报告之外，不应该讨论其他事项。

听取多个或者所有成员报告的会议。要么不做任何讨论，要么讨论仅限于澄清报告内容。另一种做法是在每个报告后安排一个简短的讨论，谁都可以提问。这时应该把报告早早分发给所有参会人。召开这种会议时，每个报告都应该限制在预定的时间之内，比如 15 分钟。

向会议召集人汇报的会议。召集会议的管理者可以倾听并提问，听完之后做总结，但不要自己再讲一大通。

仅仅是让参会人与管理者见面的会议。枢机主教斯佩尔曼的早餐会和晚餐会就属于这种类型。这种会议做不到富有成效。它们是居高位者必受的苦。高级管理者只要不让它们侵占工作时间，就算是有效的。例如，斯佩尔曼就是相当有效的，因为他把这种会议限制在早餐和晚餐时间，不占用工作日的其他时间。

会议要高效，就很需要自律。它要求管理者决定采用哪种会议类型是恰当的，然后遵循相应的形式。会议在达成具体目标之后，就必须立即结束。优秀的管理者不会新提讨论事项，而是做完总结就宣布散会。

良好的跟进与会议本身同样重要。阿尔弗雷德·斯隆（Alfred Sloan）是我了解的最高效的企业管理者，他带领通用汽车（General Motors）从 20 世纪 20 年代一路走到 50 年代，他在跟进方面堪称大师。斯隆每周 6 个工作日的大部分时间花在会议上——3 天用于召开委员会正式会议，其成员是固定的；另外 3 天用于召开临时会议，参会人是公司某位或者多位管理者。召开正式会议时，斯隆会先宣布会议的目的，然后就一直倾听，他从不记笔记，除了有疑问要求做出澄清，也很少发言。在会议的最后，他会做总结并感谢参会人，随后就离开会议室。会后，他立即给某位参会人写一份简短的备忘录，简要总结会议讨论的内容及其结论，列出会上决定的所有工作任务（包括就该主题再次召开会议或者研究某个事项），并且明确任务的最后期限和负责人。其余的参会人都会收到这份备忘录的副本。正是通过每一份都堪称小型杰作的备忘录，斯隆把自己变成了非常有效的管理者。

有效管理者明白，任何一个会议如果不是富有成效的，就是纯粹浪费时间。

用"我们"来思考和说话

最后一个做法是：不要用"我"来思考或说话，要用"我们"来思考和说话。有效管理者知道担负最终责任的是自己，这种责任既不可能让他人分担，也不可能授予他人。然而，他们之所以拥有职权，完全是因为组织的信任，这意味着他们在考虑自己的需要和机会之前，必须先考虑组织的需要和机会。这一点听起来简单，其实不然，但是务必严格遵守。

我们至此已经讨论了有效管理者的八个做法，现在我再加上最后一个锦上添花的做法。这个做法非常重要，以至于我要把它提升到法则的高度：**先倾听，后发言**。

有效管理者在性格、优点、弱点、价值观和信念等方面千差万别，但他们有一个共同点，那就是他们都会做好正确的事。有些人天生有效，但社会对有效管理者的需求巨大，光靠天赋异禀的人远远无法满足。有效是一种修炼（discipline）。就像其他所有修炼一样，有效**可以学会**，也**必须学会**。

1

第 1 章

有效是可以学会的

THE EFFECTIVE EXECUTIVE

有效（be effective）是管理者（executive）应尽的职责。讲起来，"to effect"与"to execute"是近义词。管理者不管是在企业、医院、政府机构、工会，还是在大学或者军队工作，他背负的首要期望就是**做好正确的事**（get the right things done）。准确地说，他被人期望有效。

然而，有效性高的管理者并不多见，因此格外引人注目。管理者普遍才智较高，富有想象力的不少，知识水平通常也很高，但他们是否有效跟这些东西似乎没有多大关系。才华横溢的人往往极其无效，因为他们没有意识到真知灼见本身不是成就。他们不明白，只有借助勤勉而又系统的工作，洞见才能转化为有效性。相比之下，每个组织都会有一些踏实工作的人做到了很是有效。那些聪明人干得热火朝天，自以为是在发挥"创造力"，而这些踏实工作的人一步一个脚印地干，反而像古老寓言故事里的乌龟那样先到达目的地。

才智、想象力和知识都是至关重要的资源，但只有有效性才能把它们转化为成果。至于这些资源本身，只是为能够取得什么样的成果设下了界限。

为何需要有效管理者

上文所述看似不言自明，但为何针对管理者任务的其他方面，相关书籍和论文如今堆成了山，而针对管理者的有效性，关心却少之又少？

管理者的有效性被忽视的一个原因，在于有效性是身处组织之中的知识工作者特有的技术。相关著述直到近些年才少量出现。

我们对体力劳动只讲效率（efficiency），也就是只关注他们正确地做事（to do things right）的能力，而不是做好正确的事的能力。我们始终可以定义好独立的产出，例如一双鞋，用产出的数量和质量去衡量体力劳动者。在过去100年间，我们学会了怎么衡量体力劳动的效率和判定它的质量，达到了足以让每个体力劳动者的产出成倍增长的程度。

过去，设备操作工和前线士兵这样的体力劳动者在组织内占大多数，组织只需要很少几个具备有效性的人，那就是发号施令的几个高层人员，其他人都是执行他们的指令。这些施令者在全社会劳动人口当中的占比很小，所以我们可以想当然地认为他们会具备有效性（这样想也难言对错）。我们可以寄希望于"天才"——无论在哪个领域，总会有少数几个人，其他人要花大力气才学得会的东西，他们轻轻松松就能掌握。

不仅企业和军队这样，政府其实也是这样。现在的人们很难想象，100年前美国南北战争期间的"政府"人员极少。比方说，林肯时期的战争部[⊖]，部长只有不到50个文职下属，这些人大部分不是"管理者"或政策制定者，而是通信报务人员。西奥多·罗斯福（Theodore Roosevelt）总统时期的美国联邦政府人员，全部可以轻松地安置到如今国家广场周围的任

⊖ 美国国防部的前身。——译者注

何一幢楼里。

医院也是这样。过去的医院不知道有现在这些"医护专业人员",例如 X 光技师、化验师、营养师、理疗师、社会工作者等。现在的医院,平均每 100 个患者会配备多达 250 名医护人员。过去的医院除了护士,便只有清洁女工、厨师和女性勤杂工,而医生是医院仅有的知识工作者,护士则是他们的助手。

换句话说,过去的组织面临的主要问题都是怎么提高奉命行事的体力劳动者的效率,而知识工作者在组织当中并不占多数。这种情形直到近些年才发生变化。

事实上,过去的知识工作者只有很小一部分是组织的雇员,大部分以专业人士的身份独立执业,顶多再雇个助手。这些人的有效性的好坏,都只是他们自己的事,也只影响他们自己。

如今规模庞大的知识型组织已成主流。现代社会是一个由众多有组织的大型机构组成的社会。在这些机构里,包括在军队里,大部分人都是知识工作者。这些人在工作中用的是头脑,而不是体力或巧手。在学校里学习怎么使用知识、理论和概念而不是怎么使用体力或者手工技能的人,大部分(而且越来越多)会进入某个组织供职,因此他们只有能对组织做出贡献,才称得上是有效的。

如今,我们不能再认为有效性是理所当然的。如今,我们也不能再忽视有效性这个问题。

我们过去针对体力劳动形成的一整套衡量和检验方法,从工业工程到质量控制，对知识工作并不适用。以工程部门为例，不管出图有多快，图纸有多精美，没有什么比弄错了产品更应被谴责和成效更差的。只有做**正确的事**，知识工作才能有效，而这是用衡量体力劳动的任何标准都无法衡量的。

知识工作者无法被人严格或细致地监督。他只能是受人帮助。但是，知识工作者必须自我指引，而且必须以成果和贡献作为指引，也就是以有效性作为指引。

《纽约客》杂志不久前刊载过这样一幅漫画：画中有个办公室，门上写着"史密斯，销售总经理，爱洁肥皂公司"，墙上孤悬一个大标语，上书"思考"二字。办公室里有一个男人，双脚架在办公桌上，手夹香烟，仰面吐着烟圈。办公室外面有两个年长的人经过，其中一人问另一人："我们怎么能肯定史密斯是在想肥皂的事？"

的确，谁也无法肯定知识工作者在想什么，而思考又是知识工作者的专责，这就是他的"工作"。

知识工作者的动力取决于他的工作有效，以及他有能力去取得成就。㊀工作缺少有效性，他的工作热情和对贡献的热望很快就会消退，变成一个朝九晚五混日子的人。

㊀ 许多研究证实了这一点，其中有三项实证研究尤其明确：Frederick Herzberg（与 B. Mausner 和 B. Snyderman 合著）的 *The Motivation to Work*（New York, Wiley, 1959）；David C. McClelland的 *The Achieving Society*（Princeton, N. J., Van Nostrand, 1961）；Frederick Herzberg 的 *Work and the Nature of Man*（Cleveland, World, 1966）。

知识工作者不生产独立发挥效用的东西。他不生产有形产品，例如一条沟、一双鞋，或者一个零部件，而是生产知识、创意和信息。这些"产品"本身没有实用价值，还得有另一个知识工作者把它们作为输入，融合到自己的产出当中去，才会有实用价值。见地再高明，如果没有付诸行动和转化成行为，也只是无用的数据。因此，知识工作者必须做一件体力劳动者不需要做的事——提供有效性。他可不能指望自己的产出直接产生效用，就像一双做工精良的鞋子那样。

知识工作者是当今的发达国家和经济体借以获得并保持竞争优势的唯一的"生产要素"。美国、西欧和日本如此，苏联也越来越是这样。

这在美国尤其突出。美国唯一可能拥有优势的资源就是教育。美国教育虽然还有巨大的提升空间，但它的规模已经远超落后国家的承受能力。教育是人类历史上最昂贵的资本投资行为。培养一个自然科学博士需要10万～20万美元的社会投资，就连培养一个尚未掌握任何专门职业技能的大学生也要至少5万美元。如此昂贵的教育，只有非常富足的社会才担负得起。

因此，美国作为世界上最富有的国家，只有在教育这个领域才具有真正的优势——当然前提是它能让知识工作者富有成效。对于知识工作者，生产率就是做好正确的事的能力的体现，就是有效性的体现。

谁是管理者

现代组织当中的每一位知识工作者都是"管理者",前提是他由于担任职务或拥有知识,需要承担做出贡献的责任,从而实质性地影响所在组织取得绩效和成果的能力。这里说的能力,对于企业来说可以是推出新产品或者扩大市场份额的能力,对于医院来说可以是为患者提供临床护理的能力。知识工作者必须做出决策,而不仅仅是执行指令。他必须承担做出贡献的责任。他掌握了某种知识,于是被人认为比其他任何人都更有能力做出正确的决策。他的决策可能会被否决,人也可能遭到降职甚至解雇,但只要在位一天,对这份工作的目标、标准和贡献,他就要负责一天。

经理大多是管理者——虽然也不尽然。但是,现代社会许多不承担经理职责的人也正在成为管理者。近些年来我们逐渐明白,知识型组织既需要"经理",也需要"专业的个体贡献者"去承担责任,做出决策,行使职权。

最近有一篇报道极好地描述了这种情况。这是某报对一位年轻的步兵上尉的采访,他在越南丛林里指挥战斗。

记者问:"战场那么混乱,你是怎么保持指挥的?"上尉回答说:"在这里,我只不过是个负责人而已。如果他们在丛林里遭遇敌人,却不知道该怎么办,那我也指挥不了他们,隔得太远了。我的职责就是确保他们知道应该怎么办,至于他们的实际行动,取决于当时的具体情况,只有他们自己才能做出判断。

虽然责任始终由我来承担，但决策都是由士兵临场做出的。"

在游击战场上，人人都是"管理者"。

经理也有很多不是管理者。换句话说，很多人虽然是别人的上级（下级人数通常还不少），但对组织取得绩效的能力没有大的影响。工厂领班大多就是这类人。他们在名义上是"监工"，由于掌管着其他人的工作，因此属于"经理"，但对其他人工作的方向、内容和质量，还有取得绩效的方法，他们既不承担责任，也无权做出改变。对他们大体上仍然可以用效率和质量去衡量和评估，也就是说用于评价体力劳动者的标准同样适合他们。

相反，知识工作者是否属于管理者，并不取决于他是否管人。例如，某公司的市场研究负责人可能手下有两百人，而公司的老对手只给这个职位上的人配了一个秘书，但人们对这两个人所做贡献的期望大同小异，只在行政事务上有些不同。两百人的团队可以做的事当然比一个人可以做的要多得多，但这个团队的成果和贡献未必比一个人的多。

知识工作不能用数量去定义。知识工作也不能用成本去定义。知识工作只能用成果去定义。至于团队规模和管理职责的大小，甚至都不能算作成果的外在表现。

市场研究团队人数众多，如果取得了高质量的工作成果，研究报告多有洞见和想象力，为公司获得快速增长创造了可能性，那么付出这两百个人的成本也就值得了。不过，这个团队的负责人也有可能整天被下属制造的麻烦搞得焦头烂额，因此只能忙于"管理"，无暇去开展市场研究和做出基础性决策。他也有可能忙着核对各种数字，却从未思考过下面这个问题："我们在说'我们的市场'的时候，它到底是什么意思？"于是，他没有捕捉到市场上某些重大变化，最终导致公司走向没落。

反观那位单枪匹马的市场研究人员，他同样既有可能硕果累累，也有可能碌碌无为。他可能成为知识和远见的源泉，帮助公司走向繁荣昌盛，也可能花费太多的时间处理细枝末节（就像学术人士误把做注释当"研究"），于是闭目塞听，更谈不上思考。

历数每一个知识型组织，都有人就连一个下属也没有，却仍然属于管理者。诚然，我们很少会碰到像在越南丛林中那样极端的事例，整个组织的每一个人都有可能随时要做出关系到组织生死存亡的决策，但公司化学研究所的某个研究人员选择这条研究路线，放弃那条路线，可能就是在做出一个足以影响公司未来的创业决策（entrepreneurial decision）。这个人可能是研究所主任，也可能只是一个不承担管理职责的普通研究人员（后一种情况更普遍），有时甚至是一个非常年轻的研究人员。同样，怎么定义财务报表上的"产品"这个决策，既有可能是公司的高级副总裁做出的，[一]也有可能是一个年轻会计师做出的。如今，这样的情况在大型组织的各个领域都在发生。

我所称的"管理者"，指的就是由于担任职务或者掌握知识，于是被人期待在日常工作当中做出决策，从而对组织的绩效和成果产生显著影响的那些知识工作者、经理或者个体贡献者。管理者在知识工

[一] 参见本人的《为成果而管理》(Managing for Results) 一书，特别是第 2 章。

作者当中无疑不占多数，因为跟在所有其他领域一样，在知识工作领域也有一些技术要求低的工作和常规工作（routine），但管理者的真实占比要远高于任何一张组织结构图所呈现的。

人们已经开始认识到这一点。很多组织为经理和独立做出贡献的专业人员提供平行通道，给予同等的认可和报酬就是证据。⊖然而，很少有人认识到下面这种情况：在一个再普通不过的组织里，不管是企业、政府机构、研究所，还是医院，如今也有那么多人必须做出意义重大而又无法逆转的决策。原因在于，知识带来的权威与职位带来的权威一样正当（legitimate）。而且，这些决策跟组织高管所做的决策是同一种类型。（这是本页脚注里提到的卡普尔演讲的主要观点。）

现在我们清楚，无论在工商企业，还是在政府机构，最基层的经理也会做一些跟最高负责人一样的工作：都会涉及计划、组织、整合、激励和衡量。尽管他的职责范围有限，但只要在这个范围之内，他就是管理者。

同样，每一个决策者也会做一些跟他的最高负责人一样的工作。尽管他的决策范围可能相当有限，在组织结构图和内部通讯录上可能也见不到他的职务或名字，但他就是管理者。

因此，不管是高层管理者，还是职场新人，都需要有效。

本书的很多事例取自高层管理者的工作和经历，涉及政府、军队、医院、企业等各种组织。这么做的主要原因有两个：一来这些事

⊖ 关于这一点的最佳说明，是美国电话电报公司（AT&T）弗雷德里克·卡普尔（Frederick R. Kappel）在 1963 年 9 月于纽约召开的第 13 届国际管理大会上的演讲，其主要观点我在《为成果而管理》一书的第 14 章做了引述。

例容易获得，而且经常是公之于众的；二来大事比小事更容易分析，更能说明事理。

但是，本书不是讨论最高层管理者在做什么或者应该做什么的，它适合每一位需要为了提高所在组织的绩效能力而采取行动和做出决策的知识工作者。也就是说，本书适合每一位我称之为"管理者"的人。

管理者面对的现实

管理者面对的种种现实情况，既要求他们有效，又让他们很难做到有效。事实上，如果管理者不努力追求有效，现实就会把他们推向徒劳的境地。

为了认清这个问题，我们先来看一位**置身于组织之外**的知识工作者——独立执业的医生。医生的工作总体上不会面临有效性这个问题。患者在走进诊室的时候，就带来了让医生的知识变得有效的一切条件。医生在诊疗时通常会全神贯注于患者，尽可能减少外界对这个过程的干扰。医生要做出的贡献也是清晰的。什么是他的工作重点，什么不是，是由患者所受的困扰决定的。换句话说，患者的主诉决定了医生的工作重点，医生的工作目的和目标也就随之确立，那就是要恢复患者的健康，或者至少减轻患者的痛苦。医生不以管理自己和安排工作的能力著称，但很少有医生在有效性方面有大的问题。

身处组织当中的管理者，面临的境况却截然不同。他要面对自己几乎无法控制的四大现实情况，这些情况遍布组织的每个角落，浸透管理者的日常工作。管理者除了"接受无法避免的事实",别无选择。但是,每一种情况都会给管理者造成压力,使得他无法取得成果和绩效。

第一,管理者的时间通常属于别人。如果从作业的角度来看,也就是用所从事的活动去定义"管理者",他堪称组织的"囚徒"。人人都可以占用他的时间,而且人们的确是这样做的。管理者似乎也完全无力改变。通常来说,他不能像医生那样,从门缝里探出头去对护士说:"接下来这半个小时,我任何人都不见。"即使说了这句话,也有可能话音未落,电话铃声就已响起,来电的是公司最大的客户、某个政府部门的高官或者自己的上司,他不得不接,于是随后的半个小时就这样泡了汤。㊀

第二,管理者会被迫忙于"日常作业",除非采取切实有效的行动去改变生活与工作的现实情况。

在美国,常见有人抱怨公司的总经理(或者其他哪位高层管理者),称他虽然已经掌管整个公司,本来应该把时间花到思考公司的大方向上去,实际上却仍然抓住市场营销或者工厂生产的具体工作不放。有人认为,这是因为美国的管理者大多来自职能部门或者运营职位,在担任综合管理职务之后积习难改。然而,在那些高层管理者晋升通道大不一样的国家,也能听到完全一样的抱怨。例如,在日耳曼

㊀ 苏内·卡尔松(Sune Carlson)的 *Executive Behavior* 一书(Stockholm, Strombergs, 1951)对此有清晰的描述。这项研究对大公司高管的时间使用情况做了实录,发现哪怕是他们当中最有成效的人,大部分时间也是被其他人的各种要求所占用,花在了很少甚至完全不增加自己工作成效的事情上。事实上,大可把管理者定义为通常没有自主时间的人,因为他们的时间总是要先用来处理对其他人重要的事。

语国家，总部秘书处是通往高层管理职位的一条常见路径，进入这个机构的人从来就必须是"多面手"，但是德国、瑞典和荷兰公司的高管也同样被指责过多介入"日常作业"。而且，这种情况还不是仅限于公司高层，而是涉及所有管理者。如此看来，管理者之所以忙于"日常作业"，原因不在于晋升通道，甚至不在于难改的人类本性，而是另有原因。

其实，更深层次的原因是管理者面临的现实。除非他刻意采取行动去改变，否则他的所思所为就会由事情发生的顺序所决定。

按照事情发生的先后顺序行事，对医生来说是合适的。患者走进诊室，医生抬起头问道："你哪儿不舒服？"这时医生想要的是患者告诉他哪些情况是相关的（relevant）。患者回答说："医生，我睡不着，已经三周了。"这就把需要优先解决的事情告诉了医生。哪怕经过检查后发现还有更加基础的疾病，失眠不过是它比较次要的症状，医生也会想办法先让患者睡个好觉。

管理者面临的情况可不一样。事情本身告诉管理者的信息极少，更不用说揭示真实的问题了。对医生来说，患者的主诉最紧要，因为它对患者最紧要。管理者面对的世界要复杂得多。对管理者来说，哪些事情重要而又相关，哪些只会分散自己的精力，仅凭事情本身是无法判断的。患者的主诉可以为医生诊治提供线索，事情本身则不然，它们对管理者来说可能连"病症"都算不上。

管理者如果让事情发生的顺序决定自己的工作内容、研究课题和关注重点，就会陷入"日常作业"不能自拔。他处理这些事情可能得心应手，但这样做必然白白浪费自己的知识和能力，把原本可能就不多的有效性也丧失殆尽。管理者需要一套标准，使得自己能够去做那些真正重要的事，也就是做那些关乎贡献和成果的事，而这套标准在事发顺序当中是找不到的。

第三，身处**组织**之中会把管理者推向无效。身处组织之中就意味着，只有自己的贡献被他人使用，一个人的工作才是有效的。组织可以放大个体的优势，把个体的知识变为其他知识工作者的资源、动力和视野。知识工作者之间鲜见同频，原因恰恰在于他们都是知识工作者。他们的技能和志趣各异，有人热衷于税务，有人热衷于细菌学，有人热衷于培养行政要员，但可能到了隔壁办公室，有人热衷的是成本会计的某些细节、医院的收支状况，或者城市规约所涉市民义务。他们每个人都必须有能力使用其他人的成果。

对管理者有效性最重要的人，通常不是他的直接下属，而是其他领域的人，即组织当中"平行部门"的人，或者他的上司。管理者如果不去接触这些人，并且让自己的贡献对他们有效，他自己就无有效性可言。

第四，管理者身处组织**之中**。

每一个管理者，不管他所在的组织是企业、研究所、政府机构、大学，还是空军，他都会把组织内部视为与自己关系最密切的现头。哪怕他有意了解组织之外的情况，通常也是戴着厚厚的有色眼镜。他通常很难掌握第一手信息，只能通过组织提供的报告去了解，而呈现在这些报告当中的信息已经用组织的相关性标准做了过滤，是预先消化过和高度抽象的外部现实。

然而，组织本身就是一个抽象的存在。从数学上讲，应当把它看成一个点，没有大小，也没有外延。一个组织的规模再大，相对于其赖以生存的外部环境，它也是不真实的。

具体来说，组织内部无成果可言。成果全部存在于组织外部。例如，企业的成果只会来自客户。企业生产出产品或服务，客户愿意花钱购买，客户就把企业的成本和努力转化成了企业的收入和利润。客户可能是根据市场供需关系做出购买决策的消费者，也可能是出于非经济价值的偏好对供需关系加以调控的政府。但无论哪种情况，决策者都在企业外部而非内部。

同样，医院的成果也只体现在患者身上。患者不是医院的职员，医院对于他们来说只有在就医的时候才是"真实的"，他们最大的愿望就是尽快离开，回到"医院之外"的世界当中去。

发生在组织内部的只有努力和成本。企业常说的"利润中心"其实只是客气的称呼，企业内部实际上只有努力中心（effort center）。企业为了取得成果需要做的工作越少，说明它作为一家企业做得越出色。比方说，一家企业如果需要 10 万人之众才能生产出市场需要的钢铁或汽车，那就说明这家企业的工程技术总体上是很糟糕的。服务于外部环境是组织存在的唯一理由。以这个标准来衡量，一个组织的人越少，规模越小，内部活动越少，这个组织就越接近完美。

外部环境才是真正的现实，但它远非组织能有效控制的，顶多是最终结果由组织内外的情况共同决定。例如，战争胜负是两军决策和行动交锋的结果。又如，企业虽然可以用促销和广告等手段影响顾客的偏好和价值认知，但除非是在战时这样物资极度短缺的情况下，否则还是顾客握有最终话语权和实际否决权。（这也解释了为何有的经济体刚刚走出物资极端匮乏的境地，还远没有达到市场的充分供给点，又会立即陷入困境。要达到市场的充分供给点，必须是由顾客，而不是由政府机关，按照自己的真实意愿做出最终决策。）可是，组织的内情才是管理者最容易看到的，跟他直接相关的。组织内部的关系和人员、问题和挑战、对立意见和闲言碎语，会处处触碰他，触动他。因此，除非他特意与外界保持直接联系，否则就会变得越来越以内部为中心。管理者在组织内层级越高，注意力被内部问题和挑战占用得就会越多，从而无暇顾及外部事项。

组织这个社会产物虽然与生物体大不一样，但它的结构和大小也遵循自然生物的生长规律：面积与半径的平方成正比，质量与体积成正比。生物的体形越大，机体和内部活动的消耗就越大，循环活动、信息传递、神经系统也都需要消耗能量。

阿米巴虫的每一个部分都直接暴露在环境当中，因此不需要特殊的器官去感知环境或保持自身的完整。但是，体形大而且结构复杂的生物，例如人类，就需要骨骼支撑躯体，还需要各种专门的器官，用于摄食和消化、呼吸、输送氧气、繁衍后代，等等。最重要的是，人类还需要大脑和复杂的神经系统。于是，阿米巴虫的大部分物质用于生存和繁殖，而高等生物的大部分物质，包括资源、食物、能量和机体，却是用于克服和抵消结构复杂以及与外界隔绝带来的不利。

组织不像动物那样以自身生存为目的，以物种的繁衍作为成功的标志。组织是社会的器官，它的功能是对外部环境做出贡献。但是，组织的规模越大，看起来越成功，内部事务占用管理者的兴趣、精力和才干就会越多，使得管理者顾不上存在于外部世界的真实任务和真实有效性。

计算机等新兴信息技术的兴起，让这种危机越发严峻。计算机是没有思考能力的机械"白痴"，只能处理可量化的数据，但它处理这样的信息又快又准，于是会产生大量过去以人力无法企及的量化信息。可问题是，可量化的东西基本上是组织内部的，例如成本和生产数据、医院的患者统计数据、培训报告等。真正相关的外部事件很少是可量化的，而等到有量化数据的时候，再想采取行动却早就为时已晚。

这不是因为我们针对外部事件收集信息的能力落后于计算机的技术能力。如果只是有这个担忧，我们完全可以通过增加统计力量来解决，而且计算机本身在突破这样的机械限制方面可以帮上大忙。真正的问题在于，那些重要且相关的外部事件通常是定性的，无法加以量化。它们还没有成为"事实"，因为所谓的事实就是有人对其加以定义、分类的事情，特别是对其赋予相关性的事情。为了量化，必须先有概念，从无数的现象当中抽象出某个具体的方面，加以命名，最后进行计量。

镇静药沙利度胺导致大量畸形儿的悲剧，就是一个很好的例子。等到欧洲的医生们掌握了足够多的统计数据，意识到畸形儿多得异乎寻常，因此必然存在一个特定的新致病因素的时候，悲剧已经酿成。这个悲剧在美国没有上演，原因是美国公共卫生领域的一名医生发现了一个定性的变化，也就是患者用药后皮肤会有轻微的刺痛感。虽然这种刺痛感本身并不是什么大的困扰，但这名医生把它跟很多年前发生的另一起完全无关的事情联系起来，发出了警告，阻止了这种药物投入临床使用。

福特汽车公司的埃德塞尔（Edsel）车型也有类似的教训。在该车型推出之前，福特公司收集了所有可能收集的数据，分析结果都表明这款车是适合市场的。然而，市场上发生的一个定性变化，也就是美国消费者从按收入选车变成了按喜好选车，却是无法用统计研究加以量化的。等到可以从数字当中发现这一点的时候，为时已晚，车型已经推出，而市场反应冷淡。

在外部世界中真正重要的事情不是趋势，而是趋势的变化。它们是决定组织及其努力成败的终极因素。然而，趋势的变化只能去感知，无法加以计数、定义或分类。如果强加分类，虽然也会取得预期的数字，就像对埃德塞尔车型的研判那样，但这些数字与真实的行为并不相符。

计算机是一种逻辑运算机器，这既是它的长处，也是它的短处。外部发生的重要事件，无法用计算机（或其他逻辑运算系统）可以识别的格式录入计算机去处理。相反，人类的逻辑运算能力虽然不如计算机，却具有感知能力——这是人类的长处所在。

危险在于管理者轻视那些不能简化成计算机逻辑和语言的信息和刺激，于是对感知（即事件本身）无动于衷，要等它们成为事实（即在事发之后）才能注意到。那样的话，海量的计算机信息就会阻断他们通往真实世界的路。

计算机（有望成为最有用的管理工具）最终会让管理者认识到自己与外界隔离这个状况，并最终把他们的时间解放出来用于处理外部事务，但从短期来看管理者可能患上急性"计算机依赖症"。这是一种严重的疾病。

计算机暴露的只是一个老毛病（在计算机诞生之前就已存在）。管理者必定在组织当中生活与工作，因此除非管理者有意努力去感知外部世界，否则管理者就会被内部的情况遮住双眼，看不到真正的现实。

这四大现实情况是管理者改变不了的，它们是管理者存在的必然条件。但是，管理者必须明白：如果不特别努力学习变得有效，自己就不会有成效可言。

有效带来的希望

要想大幅提高管理者的绩效、成就和满足感，提高有效性可能是我们唯一指望得上的办法。

当然，我们可以使用在多个方面都能力强得多的人，或者知识更加渊博的人，不过我认为在这两个方面付出更多的努力，产出也不会很大。我们可能快要到达这样一个点：所做的事在本质上不可能划算，或至少在本质上不划算。但是，我们不是要去努力培养全新的超人，而是不得不使用现有的人让组织运转起来。

比方说，一些关于经理人发展的书谈到"明日经理人"，把他们描绘成"无所不能"的样子。它们说，高级管理者应当有超群的分析能力和决策能力；应当善于处理人际关系，深谙组织和权力关系；应当对数字敏感，艺术眼光好，有创造力。这些人看起来就是全才，但全才从来就是稀缺的。人类历史清晰地表明，真正供应充足的只有各方面能力平平的人。因此，我们在组织中能用的顶多是在某一个方面表现出色的人，而这些人在其他方面可能连最起码的天赋也没有。

我们必须学会以合适的方式建立组织，使得任何一个在某个重要领域有长处的人都能发挥自己的长处（对此本书第4章将做更详细的阐述）。我们不能指望通过提高能力标准去取得所需要的管理者绩效，更不能指望通过找到全才达到这个目的。我们想要拓展人类的能力范围，只能通过改进生产工具，而不是通过人类能力的突然飞跃。

知识也大致是这样。尽管我们迫切需要知识更加丰富和精深的人，但要想前进一大步，我们的付出可能远大于回报，有时甚至会收益全无。

15年前"运筹学"刚刚兴起，几位非常优秀的青年学者就发布了他们对未来运筹学研究人士的画像：博闻强识，无所不知，在人类的每个知识领域都可以取得卓著的原创性成果。他们的一项研究提出，运筹学者必须在大约62个重要的自然科学和人文科学领域颇有造诣。其实，这样一个人就算真能找到，让他去研究库存水平或者编制生产计划，恐怕也是彻头彻尾的浪费。

一些经理人发展计划虽然远没有那么雄心勃勃，但也要求经理人在很多不同的领域掌握足够精深的知识，例如会计、人力资源、营销、定价和经济分析，还有心理学之类的行为科学，以及物理、生物和地理等自然科学。当然，我们还需要有人懂得当今科技的发展趋势、当今世界经济的错综复杂和当今政府管理的千头万绪。

这些领域每一个都很庞大，大到人们即使不做别的，终其一生也研究不完。学者通常也只专注于其中某个领域的几个方向，而且不敢妄言自己对这个领域有多么精通。

当然，我不是说人们就连这些领域的基本知识都不用掌握。

现在许多受过良好教育的年轻人有一个缺点，就是对自己精通某个狭窄的专业领域感到自得，还瞧不起其他专业领域。无论在企业，还是在医院，或者在政府，这样的人都存在。会计师可以不精通怎么处理"人际关系"，工程师可以不谙熟怎么推广新的品牌产品，但他们有责任对这些领域有基本的了解，知道它们是做什么的，它们为什么会存在，这些领域的人有哪些事要做。泌尿科专家可以不精通精神病学，但至少要对精神病学是什么有所了解。农业部的人不必成为国际法律师，但最好有足够多的国际政治常识，以免出台偏狭的农业政策损害国际关系。

不过，这样的人显然不同于全能专家——全能专家也跟全才一样罕见。于是，我们不得不学会怎么更好地使用在某一个方面有长处的人，但方法只能是提高他们的有效性。既然我们需要某种资源，却又不能增加它的供给，那就只好提高它的产出。对于能力和知识这些资源，提高有效性是提高它们的产出及其质量的唯一方法。

出于组织的需要，有效性值得我们高度重视。作为管理者的工具及其取得成就和绩效的手段，有效性值得我们更加重视。

有效真的可以学会吗

有效性如果像音乐和绘画那样是人类的一种天赋，那我们就麻烦了，因为无论在哪个领域，天赋异禀的人只是极少数。如果是那样，我们能做的便是去寻找那些在有效性方面潜力大的人，然后尽最大努力去开发他们的才能。但是，我们不可能找到那么多人来承担现代社会的管理工作。实际上，如果有效性是一种天赋，现代文明就会变得非常脆弱，甚至不堪一击。现代文明建立在大型组织的基础之上，它需要大量合适的人员——他们要有能力成为多少有点有效性的管理者。

如果有效可以学会，那么问题是：有效性主要在于哪些东西？什么是必学的？它是哪种类型的学习？它是一门知识，因此是要以系统的方式和通过各种概念学习的吗？还是一门手艺，要拜师才学得会？或者是一种技艺，要通过反复操练基本功去习得？

我思考这些问题已经很多年。身为咨询顾问，我接触过许多组织的管理者，因为两个方面的原因，有效性对我来说极为重要：其一，咨询顾问在本质上只拥有知识权威，再无其他权威，因此自己必须有效，否则就会百无一用。其二，再有效的咨询顾问，要想做好任何事情，都必须仰仗客户组织内的人。这些人的有效性决定了咨询顾问是能做出贡献和取得成果，还是成为纯粹的"成本中心"或者逗笑的小丑。

我很快发现其实并不存在什么"有效的个性"。[一]我见过的有效管理者，在脾气、能力、工作内容、工作方法、个性、知识、爱好上，甚至在但凡人与人之间有差异的东西上，他们都大不相同。他们之间唯一的共同点，就是都有做好正确的事的能力。

跟我共过事的管理者，有性格外向的，也有性格内向、超然世外的，甚至有极其羞涩的；有行事古怪的，也有恪守清规的；有胖的，也有瘦的；有满心忧虑的，也有从容淡定的；有嗜酒如命的，也有滴酒不沾的；有魅力四射，让人如沐春风的，也有冷若冰霜，拒人于千里之外的；有符合大家心中"领导者"形象的，也有放在人群中毫不起眼的；有知识渊博且虚心学习的，也有目不识丁的；有兴趣广泛的，也有只关心自己那个狭窄的领域，对其他事情漠不关心的；有以自我为中心，甚至是自私自利的，也有为人慷慨、待人宽厚的；有心

[一] 耶鲁大学的克里斯·阿吉里斯（Chris Argyris）教授曾在哥伦比亚大学商学研究生院接受采访（采访稿未公开发表，也未标注日期），他指出"成功的"管理者有十大特点，其中包括"抗挫折能力强"、谙熟"商战规律"及"快速融入不同群体"。如果管理者真的必须具备这些特点，那么我们的麻烦就大了，因为具备这些性格特点的人并不多，而且没有人知道怎样去培养这些特点。幸运的是，我认识的许多非常有效的管理者，当然也是成功的管理者，并不具备阿吉里斯指出的大部分特点，有些人甚至连一个特点都不具备。同时，我也认识不少管理者，他们虽然符合阿吉里斯的描述，工作却极其无效。

里完全只有工作的，也有主要兴趣放在工作之外的（例如社区服务、教会事务、中国诗歌、现代音乐等）；有注重逻辑，分析严密的，也有依靠感觉，凭直觉行事的；有决策迅速的，也有每次决策都要经历痛苦煎熬的。

换句话说，有效管理者之间的差别，就好比医生、中学教师、小提琴手彼此之间的差别。有效管理者之间的差别之大，与无效管理者之间的差别之大别无二致，而且二者无法从类型、个性和才能等方面做出区分。

所有这些有效管理者之间的共同点，就是他们有一些做法能让手上的资源和自身能力变得有效。无论他们在企业还是在政府部门任职，抑或是担任医院院长或者大学系主任，这些做法都是相同的。

同时，我发现一个人不管多么聪明、多么刻苦、多么有想象力、多么有知识，只要不遵循这些做法，就会成为无效的管理者。

换句话说，有效是一种习惯（habit），也就是一整套惯常做法（practice）。惯常做法谁都可以学会，而且看起来特别容易学会，就连七岁大的孩子也能弄懂，但要做到很好却非常难。要学会它们，必须经常反复练习，就像学乘法口诀，不断背六六三十六，一直背到恶心，熟练到成为不需要经过思考的条件反射，成为根深蒂固的习惯。要学会惯常做法，方法就是练习、练习、再练习。

无论要学会什么惯常做法，我儿时年迈的钢琴老师讲的一番话都是适合的。有一次，她生气地对我说："你永远别想把莫扎特的曲子弹得像阿图尔·施奈贝尔弹的那样，但世界上没有任何一条理由让你不像他那样练习音阶。"有句话她忘记讲了，可能她认为那完全是不言自明的，那就是：哪怕是伟大的钢琴家，如果不练习音阶，而且是反复练习，也弹不好莫扎特的曲子。

换句话说，学习任何一种技艺，只要是一个有平常资质的人，就没有理由达不到熟练的程度。他可能成不了大师，因为那需要特别的天赋。但是，如果只要做到有效，需要的只是熟练，也就是掌握"音阶"而已。

要想成为有效管理者，必须学会五种惯常做法，或者说在思想上养成五种习惯：

1. **有效管理者清楚自己的时间花在哪里**。他们系统地管理自己那为数不多的自主可控的时间。

2. **有效管理者关注对外的贡献**。他们努力取得成果，而不是只为完成工作。他们总是先问："哪些成果是我理当提供的？"而不是先考虑要做哪些工作，更不是想工作需要使用哪些方法和工具。

3. **有效管理者以长处立身处世**。这里说的长处，包括他们自己的长处，还有上司、同事和下级的长处，以及情境中的有利因素，即他们在当时形势下能去做的事。他们不会把短处作为基础，也不会从自己不能去做的事上入手。

4. **有效管理者聚焦在少数几个重要领域**。他们会找出有限的几个重要领域——只要在这些领域表现出色，就可以取得杰出的成果。他们会迫使自己明确优先任务，并在实际工作当中严守这个优先次序。他们知道自己别无选择，必须要事优先，不在次要的事上浪费精力，否则就会一事无成。

5. **有效管理者做出有效的决策**。他们知道这首先是一个体系，也就是要以正确的顺序完成一系列正确的步骤。他们也知道，有效的决策总是建立在"不同观点"之上的判断，而不是建立在"基于事实的共识"之上的判断。他们还知道，快速做出很多决策势必出错。他们真正需要做出的是为数不多但意义重大的决策；需要的是制定正确的战略，而不是提出让人眼花缭乱的战术。

以上就是管理者有效性的五大要素，也是本书将要探讨的主题。

2

第 2 章
认识你的时间

THE EFFECTIVE EXECUTIVE

谈到管理者的任务，很多讨论都是建议从做工作计划入手。这听起来特别有道理，但唯一不对劲的地方就是这么做很少管用。计划总是停留在纸上，始终只是良好的愿望，很少兑现。

依我的观察，有效管理者不是从工作任务入手，而是从时间入手。他们首先做的不是制订工作计划，而是弄清楚自己的时间都花在了什么地方。然后，他们努力管好自己的时间，拒绝那些不会带来成效的时间要求。最后，他们把自己的"可支配时间"集中成尽量大块的连续时段。这个三步法包括：

- 记录时间
- 管理时间
- 集中时间

有效管理者明白，时间是他们面临的最大的限制因素。任何流程的产出，它的上限都是由最稀缺的资源决定的。在这个我们称为"完成工作"的流程当中，最稀缺的资源就是时间。

时间还是一种独特的资源。在其他主要资源当中，资金其实是相当充裕的。我们很早就明白，制约经济增长和经济活动的其实是资金的需求，而不是资金的供给。至于第三种制约因素，也就是人力，虽然良才难觅，总嫌不够多，但人手总归还是雇得到。只有时间，租也好，雇也好，买也好，再怎么样，谁也不可能获得更多。

时间的供给弹性为零。无论需求有多大，供给都不会增加。时间无法定价，也画不出边际效用曲线。此外，时间有如电光石火，无法存储。昨日永逝，一去不返。因此，时间永远是极其短缺的。

时间还完全无法替代。资源在一定范围内可以相互替代，例如铜可以用铝替代，人力可以用资本替代，劳力可以用知识替代。只有时间没有任何替代品。

做任何事都需要时间。这是一个真正普适的先决条件。所有的工作都发生在某段时间，都会耗费时间。但是，大多数人对这种独特的、不可替代和不可或缺的资源，却是等闲视之。有效管理者与其他人最大的区别也许不是别的，就是他们对时间的珍惜。

人类管理时间的能力本身并不好。

> 人类跟其他生物一样有自己的"生物钟"，飞越过大西洋的人都知道这一点，但生物实验发现，人类对时间的感觉并不可靠。把人关进房间里，让他们看不到外面的昼夜变化，他们很快就会完全丧失时间感。即使是在完全的黑暗中，很多人也不会丧失空间感，但把人关进房间里，就算开着灯，几个小时之后，大部分人就会无法准确估计时间的长短，有些人估计的长，有些人估计的短。

所以，如果我们只靠记忆，不可能了解自己的时间是怎么花掉的。

> 我有时会找一些对自己的记忆力很是自豪的管理者，请他们估摸着把自己的时间是怎么花掉的写下来，交给我锁进抽屉，然后我请他们自己再据实做一份时间记录，几周或几个月

之后，两相对照，结果发现它们从来没有多少相似之处。

某公司的董事长坚信自己把时间大致分成了三等份，一份用在高管身上，一份用在重点客户身上，最后一份用在各种社区活动上。六周的实录却发现，他几乎没在这三个方面花时间。这三类任务不过是他自认为**应该**花时间的事情，于是一贯"乐于助人"的记忆就那样告诉他。实录显示他的大部分时间用在了调度上面，也就是跟踪熟悉客户所下的订单，打电话去车间催货，其实这些订单大部分都在正常排产，他的介入反而会干扰车间和导致延误。有趣的是，他看到秘书送来的时间记录表，根本不相信她，后面又记录了两三次，他才相信记忆并不可靠，明白自己要想知道时间花在哪里还是得靠记录。

有效管理者知道，要想管好自己的时间，首先得知道时间实际上花到什么地方去了。

管理者面对的时间需求

管理者总在承受压力，被迫把时间浪费在一些不会产生成效的地方。不管是否担任经理职务，管理者都不得不花大量时间做一些毫无贡献的事。很多时间不可避免地被浪费掉。管理者在组织中的层级越高，组织对他的时间需求就越多。

某大公司的负责人曾经告诉我，他在担任公司 CEO 的两年间，除了圣诞节和新年那两天之外，每天都在外面吃晚饭，全是"官方"应酬，每场浪费好几个小时，但他又觉得找不到人代替他，因为不管是欢送一个服务满50年的退休老员工，还是接待业务所在地的州长，公司CEO都不得不出席，毕竟参加各种仪式是他的职责所在。因此我这个朋友对这些晚宴不抱任何幻想，不指望它们对公司、对自己放松精神或者自我发展有什么贡献，但他就是必须到场，假装愉快地用餐。

诸如此类造成时间浪费的事情，在每个管理者的工作中都不胜枚举。公司的重要客户打来电话，销售经理不能说一句"我正在忙"，就把电话挂断，就算客户只是想聊一聊上周六的桥牌比赛，或者女儿能否进入心仪的大学，他也必须接听。医院院长每逢院内专业团体开会都得去参加，否则医生、护士、技师等人就会觉得受了冷落。政府首脑接到国会议员来电，也最好是洗耳恭听，哪怕议员索要的信息只要随手翻开电话黄页或《世界年鉴》就能很快找到，而且所用时间更少。管理者的日子一天到晚就是这样度过的。

不承担经理职责的人也好不到哪里去。他们一样要花时间应对各种要求的轮番轰炸，而那些事情对他们的生产率几乎毫无助益，但就是无法忽视。

因此，每个管理者的时间，大部分必然浪费在一些看似不得不做，其实贡献很少，甚至毫无贡献的事情上面。

但是，管理者要想取得最起码的有效性，大部分任务是需要用大块时间去完成的。每次投入的时间如果少于某个最低值，就会是纯粹的浪费，因为如果什么结果都还没做出来就中断，那么下次又得从头再来。

比方说，如果起草一份报告至少需要 6～8 小时，那么每个工作日花上两个 15 分钟，持续 3 周，于是累计时间超过 7 小时，但可能还是毫无意义，最终得到的东西除了一些信手的涂鸦之外，其他什么也没有。但如果关上门，切断电话，在不被打断的情况下熬上五六个小时，倒是有可能写出一份我所说的"零稿"，也就是初稿之前的版本。有了这个基础，后面再花些零碎的时间，对稿子逐章、逐段、逐句地重写、订正和润色，也就可以了。

做实验也是如此。第一次必须连续奋战 5～12 小时，把设备调试好，至少从头到尾做一次。如果中间被打断，就不得不从头开始。

要想取得有效性，每一位知识工作者，特别是每一位管理者，就必须有大块的时间可供利用。如果可支配时间是支离破碎的，哪怕总时长非常可观，也是不足以成事的。

用于与人共事的时间尤其如此。与人共事无疑是管理者的一项核心任务。人人都会耗费管理者的时间，而大部分人会浪费管理者的时间。

但凡涉及人的工作，只花几分钟根本不会有什么成效。把任何一件事说明白，至少都要花相当大一段整块时间。认为只要 15 分钟就可以跟一位下属谈完计划、方向和绩效的经理（很多经理这么认为），不过是在欺骗自己罢了。要谈到足以产生影响的程度，可能至少需要一个小时，而且通常需要更长的时间。要想建立人际关系，需要的时间更会长得多。

与知识工作者共事尤其耗费时间。出于各种原因，例如知识工作者上下级之间没有等级和权威的阻碍，或者知识工作者自视更高，知识工作者对上司和同事提出的时间要求都会比体力劳动者多得多。另外，由于不能像衡量体力劳动者那样衡量知识工作者，也就无法用三言两语讲清楚他们做的事是否正确以及做得怎么样。对体力劳动者，你只要告诉他："我们的工作标准是1小时50件，你现在只做了42件。"对知识工作者，则先要坐下来讨论什么事是应当做的，原因是什么，然后才能判断他的工作是否令人满意。这很费时间。

由于知识工作者是自我指引的，因此他必须清楚自己需要满足怎样的绩效期望，原因又是什么。他还必须对利用其知识产出的后序工作有所了解。为此，他需要大量的信息、讨论和指导——所有这些活动都很费时间。还让很多人意外的是，这不仅需要上司的时间，还同样需要同事的时间。

知识工作者必须专注于整个组织的成果和绩效目标，否则自己不可能取得任何成果或绩效。这意味着他必须留出时间，用来把自己的目光从工作投向成果，从自己的专业投向外部世界这个唯一产生绩效的地方。

无论哪个大型组织，只要它的知识工作者是绩效出色的，高级管理者都会定期抽出时间，跟知识工作者们坐下来，有时甚至会直达最基层的员工，跟他们讨论下面这些问题："我们作为这个组织的最高层，应当对你们的工作有哪些了解？关于这个组织，你们有什么想对我们讲的？你们发现有什么样的机会，是我们还没有着手去抓的？你们发现有什么样的风险，是我们还没有察觉的？关于这个组织，你们希望从我们这里了解哪些情况？"

这种宽松的交流，无论在政府机构还是企业，在研究实验室还是军队，都是有必要的。不这样做，知识工作者就会失去工作热情，得过且过，或者把精力用在自己的专业领域，忽视组织的机会和需要。但是，这样的交流会耗费大量的时间，特别是这种交流应当在轻松的氛围下不急不忙地进行，让人感觉"我们想要花多少时间都行"。实际上，这意味着管理者既要能快速完成很多事情，又要能腾出大块的、不被频繁打断的时间。

融合人际关系和工作关系很耗时间。如果操之过急，就会产生摩擦。然而，任何一个组织都有赖于融合这两种关系。组织的人员越多，他们花在纯粹的交流上面的时间就越多，用于开展工作、完成目标和取得成果的时间就越少。

管理学很早以前就提出了"控制幅度"这个理论，指出一个人能够有效管理的工作相互关联的下属人数是有限的（例如会计、销售经理、生产经理必须彼此合作才能取得成果）。此外，如果下属不需要彼此合作，那就不受"控制幅度"的限制。例如，不同城市的连锁店经理，不管数量有多少，理论上都可以向同一个区域副总汇报。这个理论的对错姑且不论，但毫无疑问参与合作的人越多，他们花在"交流"上面的时间就越多，花在开展工作和实现目标上面的时间就越少。由此可知，大型组织建立优势需要慷慨地使用管理者的时间。

因此，组织的规模越大，管理者实际可以利用的时间就越少，于是知道自己的时间用在何处，进而管好自己为数不多的可支配时间，对于管理者就越重要。

组织的人员越多，任用决策就越频繁。做任用决策不能太快，否则就容易出错。做出正确的任用决策需要的时间非常之多，因为通常只有在反复思考之后才能把与决策相关的事项想清楚。

我观察过的一些有效管理者，他们做决策的速度有快有慢，但无一例外的是，对任用决策都会慎之又慎，通常要推演几次才会最终确定。

阿尔弗雷德·斯隆担任过董事长的通用汽车公司，在他任期内曾是全球最大的制造企业。据报道，他做任用决策从来不会只考虑一次就决定，而是要先做一个初步判断。就算是这个初步判断，也通常要用好几个小时。几天甚至几周以后，他会再来思考这个问题，而且是从头开始，就好像之前从未考虑过一样。如此重复两三次，如果每次都是指向同一个人，他才会正式拍板。斯隆一向以知人善任著称。有人问他有何秘诀，据称他的回答是："没什么秘诀，只不过我认为自己首先想到的那个人可能是错误的人选，就把整个思考和分析过程重复几遍，再做最终决定。"然而，斯隆根本不是一个有耐心的人。

很少有管理者需要做出如此重大的任用决策，但我观察过的有效管理者全都弄明白了，要想做出正确的任用决策，就必须连续花几个小时，在无人打断的情况下仔细思考。

曾经有一个中等规模的公立研究所，所长在考虑把某高级主管解职时，就体会到了这一点。这个主管已经50多岁，一辈子就在所里工作。他之前很多年工作一直出色，但随后突然变差，显然不再胜任现职。但是，就算公务员管理制度允许，也不能简单地把他解聘。降职使用当然可以，但所长担心会让这个人从此一蹶不振，毕竟他忠心耿耿服务这么多年，而且过去工作出色。但是，再让此人担任行政职务也不可能，因为他的缺点非常明显，事实上已对整个研究所造成损害。

所长和他的副职讨论了好多次，都没有找到良策，但有一天晚上他们连续花了三四个小时讨论，不让任何事情打扰他们，终于找到一个"显而易见"的方案，这个方案简单到两个人谁都说不清为什么之前就没有想到，那就是把他从不再合适的现职调任另一个职位。那个职位一样重要，但不需要他取得力不能及的行政绩效。

许多类似的任用决策,都需要用大块的、不受打扰的时间去思考。例如,针对某个难题成立一个攻关小组,该派谁去?给某个新部门的经理或者某个部门新换的经理赋予什么样的责任?有个职位要求任职者既要掌握营销技能,又要拥有技术背景,那么是该提拔一个营销经验丰富但缺少技术训练的人,还是任命一个技术能力一流但营销经验不丰富的人?如此等等,不一而足。

任用决策非常耗时,原因很简单,那就是人的存在并不是为了给组织提供"资源"。人的"规格"未必正好适合他们要在组织里完成的任务,而组织又不能对他们再加工或重新塑造,"大致匹配"就已是最好的情况。做事离不开人(没有其他资源可以替代),因此做任用决策需要花费大量的时间,在深入思考之后再做决断。

东欧的斯拉夫农民有句谚语:"不在脚上下功夫,就得在头上下功夫。"这好像是趣味版的能量守恒定律,但更像是"时间守恒定律":我们从"脚上"任务(体力劳动)拿走的时间越多,就得在"头上"工作(知识工作)花费更多的时间。我们让普通工人、设备操作工和一般职员的工作变得越简单,让知识工作者完成的工作就会越多。我们不可能"把知识从工作当中剥离",而是必须把知识装回工作的某个地方,并且知识量比过去大得多,知识与工作的结合也更加紧密。

知识工作者面临的时间要求不会下降。设备操作工现在一周工作40个小时,很快可能缩短到35个小时,过得还比过去的任何操作工都好——无论后者工作多长时间或有多富裕。然而,设备操作工的生活清闲,正是知识工作者工作时间更长的结果。如今,发达国家的管理者面临的苦恼不是闲暇无法打发。相反，无论哪个国家的管理者都是工作时间比过去更长，时间越来越不够用。管理者的时间短缺问题只会更加严重，而不是趋于缓和。

出现这种情况的一个重要原因是，只有不断创新和变革的经济才有可能为人们提供高水准的生活。可是，创新和变革对管理者的时间要求非常高，因为如果时间紧迫，人能想到的只有可能是自己熟悉的东西，能做到的也只有可能是自己常做的事情。

近来很多人讨论英国的经济为什么在二战之后衰落如此迅速。一个确凿的原因是英国上一代企业主想过轻松的日子，工作时长向工人看齐。但是，只有工商企业甘愿墨守成规，不思创新和变革，企业主才有可能那么做。

面对组织、人员、变革和创新的时间需求，管理者有能力管好自己的时间变得越来越重要。但是，除非了解自己的时间花在哪里，否则根本不会想到时间还需要加以管理。

时 间 诊 断

要了解时间花在哪里，进而据此管理时间，我们必须先记录时间，这个道理人们在半个多世纪以前就已明白。那是 1900 年前后推行科学管理的时候，人们会对某个具体动作耗费的时间加以记录——针对体力劳动，既包括高技能要求的劳动，也包括简单的劳动。时至今日，几乎没有哪个国家落后到不对体力劳动者的动作做系统的时间记录。

我们已经把这个方法用在时间不是特别重要的工作上,也就是用在时间利用得好坏只关乎效率和成本的地方。但是,我们还没有把它用于一种越来越重要,而且势必涉及时间的工作:知识工作者的工作,特别是管理者的工作。在这里,时间利用与时间浪费之间的差别在于有效性和成果。

因此,管理者取得有效性的第一步是记录时间的真实使用情况。

具体的记录方法不在此赘述。有些管理者是自己做,有些是让秘书做(就像前面提到的那位董事长),但真正重要的是记录下来,而且是"实时"记录,也就是在事件发生之时做记录,而不是事后凭记忆补录。

许多有效管理者会持续记录,每个月定期回顾,最少也是连续记录三四周,每年定期做两次。每次记完,他们都会重新思考和安排自己的日程表。然而,6个月之后,他们无一例外都会发现"漂移",也就是在一些琐事上面浪费时间。虽然只要这样去做就能改善对时间的利用,但只有持续努力才能避免这种"漂移"发生。

因此,接下来就是系统地管理时间。管理者要把那些没有成效和浪费时间的活动找出来,尽最大努力把它们砍掉。为此,要回答几个诊断问题。

1.首先是找出并砍掉那些根本不需要做的事,也就是那些不会产生任何成果,纯属浪费时间的事情。具体的方法是,针对时间记录表上的**所有**活动，逐项提出这个问题："这件事如果完全不去做，会产生什么后果？"如果答案是"什么后果也不会有"，那么结论显然就是停止做这件事。

一些人整天忙着处理那些自认为不能错过的事，例如无休无止地发表讲话、参加宴会、担任委员、列席指导等。这些事不知不觉耗费了这些大忙人大量的时间，其实他们既不喜欢做，也不擅长做，但还是年复一年地做着，就好像它们是从天而降的"埃及之灾"，除了忍受之外别无他法。其实，管理者要做的只是学会说"不"——任何一件事，只要对管理者所供职的组织、对管理者本人、对涉事的组织没有任何贡献，就不要再做。

前面提到的那位每天赴宴的CEO，在对那些晚宴做出分析后发现，至少有1/3是公司不派任何高管参加也能照办不误的。更让他感到懊恼的是，他受邀参加的不少宴会，其实主办方根本不欢迎他，邀请他只是出于礼节罢了，满以为他会推托，没想到他却接受了，反而不知怎么安排他为好。

我还没见过哪一位管理者，无论职位高低，是不能在不引起别人注意的情况下把大量要求（约占他时间的1/4）扔进废纸篓的。

2. 接下来要回答的问题是："我时间记录表上的哪些活动，是别人同样可以做好，甚至做得更好的？"

那位每晚赴宴的董事长发现，另外1/3的正式宴会，公司的任何一位高管去参加都行——主办方要的只不过是该公司的名字出现在宴请名单上。

多年来管理学对"授权"的探讨很多。无论在企业、政府、大学，还是军队，所有的经理人员都会得到劝诫，要努力成为更好的"授权者"。很多大型组织的经理人员也反复提出这样的告诫。不过，我至今还没有看到这种说教产生过任何成果。无人听从的原因很简单：很多人所讲的授权其实站不住脚。如果授权意味着某人应该分担一部分"**我的**工作"，那它就是错误的。食其薪，就该谋其职。如果像人们经常听到的告诫那样，授权暗指最懒惰的经理是最优秀的经理，那授权就不仅荒唐，而且不道德。

但是，我迄今为止没有见过一位管理者，在看到自己的时间记录表之后，不是很快就养成一个习惯，把那些不是非得亲力亲为不可的事全都推给别人。他们只要看一眼时间记录表，立刻就会明白，自己根本不可能有充足的时间，去做所有自认为重要的、自己想做的、自己有义务去做的各种事情。要想有时间去做那些要紧的事，唯一的办法就是把别人能做的事全都分出去。

管理者出差就是个很好的例子。诺斯科特·帕金森（C. Northcote Parkinson）教授曾经幽默地指出：要干掉一个碍事的上司，最快的方法是让他去世界各地出差。人们高估了飞机这个交通工具对管理的作用。许多出差着实是有必要的，但很多时候派一个年轻人去就行了。年轻人对出差还有新鲜感，在酒店里也能睡个好觉。年轻人扛得起旅途的劳顿，也就比那些虽然经验更加丰富、更加训练有素但更加容易疲劳的上级做得更好。

还有就是各种会议。在这些会议上，并不会出现其他人处理不了的什么状况。人们可能花上几个小时，讨论一份还没有初稿的文件。再有，研究实验室的资深物理学家亲自写"通俗"的新闻稿介绍自己的研究，花掉不少时间，而事实上实验室有很多人可以替他写。这些人掌握了相关科学知识，理解物理学家想要讲什么，而且能使用浅显易懂的文字表达，而物理学家只会用深奥的数学公式表达。总之，管理者做的工作有很多是其他人可以轻松做好的，因此应该交给其他人去做。

通常说的"授权"其实是误解，更是误导。但是，把其他人可以做的任何事都分出去，让自己不再需要做出授权，从而能够真正去做自己的工作，这便是在有效性方面的一大进步。

3. 还有一种浪费，是管理者造成他人的时间浪费。这是管理者自己基本可以控制，从而可予消除的时间浪费。

这种浪费没有固定的症状，但有一种简单的识别方法，那就是直接询问别人。有效管理者懂得系统而又诚恳地问："我做的哪些事，对你的有效性没有贡献，所以是浪费你时间的？"提出这个问题，而且不惧真相，这是有效管理者的一个标志。

有时候，管理者的工作虽然有成效，但他的工作方式浪费了其他人大量的时间。

某大型组织的财务副总就深知，自己主持的会议造成了大量的时间浪费。他过去每次开会，不管是什么议题，都会通知所有直接下属参加，结果造成参会的人数太多，而每一个人又觉得必须表露出自己对会议是感兴趣的，于是至少会提一个问题（其实很多问题是无关紧要的），导致会议非常冗长。可是，这位高管直到主动询问下属时，才明白大家都认为会议浪费了自己不少时间。考虑到组织内人人都很重视地位和"知情"，过去，他担心那些没有收到参会邀请的人会觉得自己受到了轻慢和被排除在外。

后来，他想出了一个办法去满足大家的地位需求。开会前，他给所有人发送书面通知："我邀请了 [史密斯、琼斯、罗宾逊]，于 [周三的下午三点]，在 [四楼会议室] 讨论 [明年的资金预算]。需要了解相关情况，或者希望参与讨论的各位，请按时参会。无论参会与否，各位都将在第一时间收到这次讨论以及相关决议的详细纪要，同时也会就此征求各位的意见。"

过去开会每次都有十几个人参加，一开就是一整个下午，现在只来三个人，再加一个秘书做记录，一个小时左右就结束了，而且没有任何一个人觉得自己被排除在外。

很多管理者对这些无成效和不必要的时间需求其实是了然于胸的，但还是害怕砍掉它们，担心误伤重要事项。但实际上，就算真发生了误伤，也是很快就可以得到纠正的。如果砍得太狠，自己通常很快就能察觉。

例如，每一位美国总统在上任之初都会接受过多的邀请，但很快他就会明白自己还有其他事要做，而这些邀请大多对自己的有效性没有贡献，于是通常就会大量谢绝邀请，变得很难接近。然而，这种情况持续不了多久，可能几周，最多是几个月之后，他就会从电视和电台获知自己"失联"的消息，于是通常会再次做出调整，把公开亮相作为对全国传递信息的机会，又不让这些活动损害自己的有效性，在二者之间取得平衡。

实际上，管理者即使砍得太狠，也不会有太多风险。人们通常会高估，而不是低估自己的重要性，于是得出结论，认为太多的事只有自己才做得了。就算是那些非常有效的管理者，也会做大量不必要和无成效的事。

砍得太狠会带来风险，其实只是无稽之谈。一些人患有严重的疾病或者残疾，有效性反倒非同一般，就是最好的证明。

哈里·霍普金斯（Harry Hopkins）就是很好的例子。作为罗斯福总统在二战期间的私人顾问，霍普金斯当年已是将死之人，每走一步都是折磨，他每天只能工作几个小时，这迫使他把各种杂事都砍掉，只留下那些真正重要的事。就这样，他并没有丧失有效性，而是成了英国首相丘吉尔口中的"关键先生"，完成的大事足以使他傲视战时美国政府的任何人。

当然，这是一种极端情况。但是，它既说明了一个人如果真正努力，可以对自己的时间施加多大的控制，又说明了一个人可以砍掉多少浪费时间的事务，而不至于丧失有效性。

精简浪费时间的活动

前面三个诊断问题针对的是无成效但又费时间的活动，每个管理者对这些活动多少都能加以控制。每个知识工作者和每个管理者都应该回答这三个问题，但管理者还必须同样关心因为管理和组织不善造成的时间浪费。管理不善会浪费所有人的时间，尤其是管理者的时间。

1. 首先要识别的是因为缺少体系或者远见而浪费时间的活动。它们的表现是反复发生的"危机"，即年复一年出现的危机。一个危机如果已是第二次发生，那无论如何不能让它发生第三次。

> 一年一度的存货危机就是这种类型的活动。虽说现在有了计算机，我们处理起来更有"英雄气概"，付出过去承担不了的高成本，但这很难说是一个大的进步。

反复发生的危机本可以预见，因此能够避免或者简化成普通职员就可以做好的常规工作（routine）。所谓"常规工作"，就是把过去杰出人士才能做的事，变成未经训练因而不具备判断能力的人也能做的事；它以一种成体系的、一步一步的方式，把行家里手过去化解危机时学到的东西记录下来。

反复发生的危机不会局限于组织的较低层级，而是会困扰所有的人。

曾经有一家颇具规模的公司，每年到了12月1日左右就会碰到同一个危机。该公司的业务季节性很强，四季度是淡季，销售额和利润很难预测，但是每年公司管理层在二季度末发布中报时会做全年的盈利预测，三个多月后，到了四季度，这时公司上下就会鸡飞狗跳，为了实现这个预测目标采取各种紧急措施。于是，在最后的三五周，管理团队谁也没法去做任何其他事。后来，公司实际上只动了一下笔头就解决了这个问题，那就是在预测全年利润时不再给出确切的数字，而是给出一个范围。这完全能够满足董事、股东和金融机构的需要。就这么一个小小的改动，把几年前尚属危机的事情变得公司再无人关心——四季度的业绩比过去还好了不少，因为管理者不再为了让结果符合预测的数字浪费时间。

另一个例子发生在美国的国防部。在麦克纳马拉担任部长之前，每年从春季末到6月30日财政年度结束，整个国防部都会陷入同样的期末危机，军民两个条线的所有负责人五六月份都在绞尽脑汁花钱，为的就是把当年的国会拨款花掉，因为他们担心不花完就要把钱退回去。麦克纳马拉上任伊始就发现，这样的危机完全没有必要发生，因为法律一直允许把确有必要但尚未支出的预算划入临时账户。

同样的危机反复发生显然是疏忽和懒散的表现。

我多年前刚开始做咨询顾问的时候，必须学会怎么辨别工厂的好坏（我没什么生产管理知识）。我很快就发现，管理良好的工厂是波澜不兴的。富有"戏剧性"的工厂，也就是让"工业的史诗"展现在参观者眼前的工厂，是管理不善的工厂。真正管得好的工厂是单调乏味的，不会有什么激动人心的事情发生，因为可能发生的各种危机都已被预见，都已转化为常规工作。

同理，管理良好的组织是"无趣"的组织。在这种组织里，富有"戏剧性"的事情是那些塑造未来的基本决策，而不是收拾残局过程中的英雄事迹。

2. 时间浪费经常会因为人员过剩而起。

我一年级的算术老师出过这样一道题："挖一条沟，如果两个人挖，需要两天挖好，那么四个人挖，需要几天才能挖好？"一年级学生的正确答案当然是"一天"，但在管理者的工作中，正确答案可能是"四天"，甚至是"永远"。

的确，有时候相对于任务来说人手太少，工作就算能完成，质量也会打折扣。不过，那不是常态。普遍得多的情况是人太多导致有效性差，因为越来越多的时间用于"交流"，而不是用于工作。

人手太多有一个相当可靠的症状。如果高层管理者，特别是最高负责人，把一小部分（可能是超过1/10）的时间用于处理人际关系问题，用于化解积怨和摩擦，用于调解争议和合作问题等，那么几乎可以肯定人手太多了。人们彼此磕磕碰碰，成为取得绩效的障碍，而不是成为取得绩效的资源。在一个精干的组织里，人们会有足够大的空间，不会动辄相互冲突，不需要在工作时不停地做解释。

造成人手太多的理由总是这样的："我们必须有个热力学专家（或者专利律师、经济学专家）。"其实，这个专家不太用得上，甚至完全用不上，但"我们必须有这么个人，万一用得着呢！"（他"必须熟悉我们的问题"，并且"从一开始就加入团队！"）。正确的做法是，只有在主要工作中每天都用得上的知识和技能才在团队里常备。在某些阶段偶尔需要，或在这件或那件事上需要咨询的专家，始终应该放在团队之外。

付咨询费要比全职聘请便宜得多，更别说一个工作量不饱和但技能超群的专家，会对整个团队的有效性造成什么影响。其实，他只会起破坏作用。

3. 另一个浪费时间的因素，是组织结构缺陷。它的表现是会议太多。

会议在本质上是对组织结构有缺陷所做的补救。开会就不能工作，二者不可兼得。如果组织结构设计完美（在不断变化的世界里这当然只是一个梦想），就不需要开会，因为人人知晓自己完成工作需要知晓的事，人人都能获得开展工作需要获得的资源。之所以开会，是因为某项任务需要不同职位的人配合才能完成。之所以开会，是因为处理某个情境所需要的知识和经验不是装在某一个人的脑袋里，而是需要把多个人的知识和经验拼成整体。

会议总是泛滥。组织总是需要那么多的合作，使得好心的行为科学家创造"合作"机会的努力显得有点多余。但是，如果管理者用来开会的时间超过一定比例（全部时间的一小部分），就足以证明这个组织的结构有缺陷。

人们每开一次会议，都会再开几次小一点的跟进会，有正式的，也有非正式的，但每次都会花费好几个小时。因此，会议必须精心管理。信马由缰不仅让人生厌，更会带来危险。但最重要的是，开会必须成为例外，而非惯例。一个人人总在开会的组织，便是一个无人做事的组织。看看我们的时间记录，只要发现会议泛滥，例如大家开会的时间达到 1/4 甚至更多，那就说明存在造成时间浪费的组织结构缺陷。

凡事总有例外。有些特别的机构，设立的目的就是开会，例如杜邦公司和新泽西标准石油公司的董事会，它们是公司的最高审议和申诉处理机构，不掌管任何其他活动。但这两家公司很早就规定，董事会成员不得在公司内兼职。这样做的道理，就跟法官不得在业余时间当律师是一样的。

原则上，永远不得让会议占据管理者时间的大头。会议太多，说明职位结构和部门设计不合理。会议太多，说明本该由某个职位或某个部门完成的工作，分散到了多个职位或部门。这些情况说明责任分散，而且信息没有送达实际需要的人手中。

某大公司的会议成灾，根源在于其能源业务的组织结构陈旧过时。大型汽轮机业务是该公司1900年之前就已开展的传统业务，负责该业务的部门拥有独立的管理团队和员工队伍。二战期间，该公司开始涉足飞机发动机业务，后在飞机和军品部门形成了强大的喷气发动机制造能力。再后来，该公司又成立了原子能部门，该部门从公司的研究所分立出来，在组织上与那些研究所仍有千丝万缕的联系。

但如今这三种动力设备已经不再是彼此独立或者市场互不重叠，而是越来越呈现出互相替代和互相补充的关系。在某些特定的条件下，三者都有可能成为最经济和最有优势的设备，因此从这个意义上讲它们是竞争关系。但是，如果两两组合，又胜过单独使用其中一种。

显然，该公司需要的是明确的能源战略。它需要做出决定，是同时推广三种设备，让它们彼此竞争，还是主推其中一种，把另外两种作为补充，或者三选二作为"能源组合"（还涉及选哪两种）。它还要决定怎样在三者之间分配资本投入。当然，最要紧的是它的组织结构要真正体现只有一个能源市场的现实情况——三种设备为同样的客户生产同样的最终产品，即电力。实际上它却有三块，各自为政，层层隔离，文化各异，职业通道也不相同，而且都乐观地相信自己十年后将占据整个能源市场75%的份额。

结果，这三块业务的人连年陷入无休止的会议之中。由于它们的分管条线不同，这些会议拖住了整个高管层。最后，该公司把这三块业务从原来的部门剥离，组成了一个新部门，交由一位负责人统一指挥。虽然重组之后内斗还是很厉害，前述重大战略决策也依然悬而未决，但至少人们已经理解需要做出哪些决策，至少不必每次会议都要公司最高层前来主持和做出裁决。会议耗费的总时间，也比之前少了许多。

4. 最后一个浪费时间的主要因素是信息功能失灵。

某大医院的院长曾经多年饱受求助电话的困扰，院内医生经常请他给患者安排床位。住院部"知道"的是没有空床，但院长几乎每次都能找到几张。原因在于，有患者出院的时候，住院部不会立刻得到通知。当然，病房护士是知道的，给出院患者打账单的出纳也是知道的。可是，住院部得到空床数量的时间是每天早上五点，而大部分患者办出院手续是在医生查房之后，大概上午十点钟。解决这个问题不需要大的智慧，只不过是让病房护士在填写出院通知单的时候多写一联，除了通知出纳，还告诉住院部。

更加糟糕但同样普遍的问题是信息的格式不正确。

制造企业的生产部门常常要对公司的产量数字加以"翻译"才能用于排产。企业给生产部门的是"平均数"，也就是会计师要的数字，但生产部门要的通常不是平均数，而是产量的范围和极值，包括产品组合及其数量变动、排产时长等。生产部门的人员为了得到自己想要的数字，每天要用好几个小时对平均数加以换算，或者成立自己的"秘密"会计机构。实际上，这些信息在企业的会计师手上都有，但通常没有人想过要告诉会计师生产部门要的是什么。

人员冗余、结构不当、信息功能失灵等造成时间浪费的管理缺陷，有时候很容易解决，有时候又需要长时间的耐心工作，但这些努力的成果都会很好——以节省的时间而论尤其如此。

集中"可自由支配的时间"

管理者在对自己的时间加以记录、分析并尝试管理之后，就能知道自己有多少时间可以用于完成自己的重要任务。那么，他有多少时间是"可自由支配的"，也就是可以用于完成真正可以做出贡献的重要任务的呢？

不会太多——无论管理者多么坚决地精简那些浪费时间的活动。

某大银行的总裁是我所见过的时间管理最出色的一个人。我曾就高管团队的结构问题为他提供过两年的咨询服务，在那期间我每个月跟他见一次面，他每次都是给我一个半小时。他每次都会做好准备，这让我也很快明白自己同样要做好准备。每次见面的议程从来没有多于一项，而且总是到了 1 小时 20

分钟的时候，他会看着我说："德鲁克先生，我想现在该做总结，然后安排下一次的事了。"在我被带进他办公室一个半小时之后，他会把我送到门口，握手告别。

这样过了大约一年，我终于忍不住问他："为什么每次都是一个半小时？"他回答说："很简单啊，因为我集中注意力的时限就是大约一个半小时，不管谈什么事，只要超过这个时间，我就谈不出什么新东西来了。此外，如果用的时间比这个短得多，那么没有哪件重要的事是可以处理好的，也达不到把正在谈的事弄懂的程度。"

在我每个月在他办公室待的这一个半小时里，我从来没有听到过电话铃响，也从来没有见过他的秘书从门缝里把头探进来，说有哪个重要人物要立刻见他。有一天我问起这个事情，他回答说："我很严肃地告诉过秘书，不能让任何人来找我，只有美国总统和我夫人例外，但总统很少打电话来，我夫人了解我的习惯。所有其他事情，秘书都会帮我挡着，直到我这里结束。然后我会花半个小时回复所有的电话，确保不错过任何一则信息。我至今没有碰到过什么危机，是不能等上90分钟再去处理的。"

不用说，这位总裁在每月一次的这个会上完成的事情，超过了许多同样能干的管理者在一个月内各种会议上完成的事情。

但就算是这样一个严格自律的人，也要花掉至少一半时间去处理一些不那么重要和价值存疑但又不得不去做的事，例如接见"顺道来访"的重要客户，参加就算他不出席也可以照开不误的会议，就一些本不该他管但又总是找上门来的日常琐事做出具体的决策。

每次听到高级管理者声称自己有一半以上的时间是可控的，是自己能决定花在什么地方和真正可自由支配的时间，我都能相当肯定他根本不知道自己的时间花在哪里。高层管理者自己真正可以支配和用于处理重要事项的时间，也就是可以用于处理那些真正有助于做出贡献和属于本职工作的事情的时间，极少超过其工作时间的 1/4。在每一个组织都是如此，只有政府机构例外——政府高官被那些无成效的活动占用的时间，比在其他大型组织里还要多。

管理者的级别越高，他们自己不能控制和不是用于做贡献的时间就越多。组织的规模越大，他们用于维系组织正常运行所需要的时间就越多，用于让组织发挥作用和取得成果的时间就越少。

因此，有效管理者知道必须把自己的可支配时间集中起来。他明白自己需要的是整块的时间，而时间变得支离破碎便全无用处。一天的工作时间只要有哪怕 1/4 能够集中成几大块，通常就足以去完成那些重要的事情，但如果都是这里 15 分钟、那里半个小时这样的碎片，就算总数达到一天的 3/4，那也没什么用处。

因此，时间管理的最后一环就是把经过记录和分析之后发现的、通常属于管理者可以自由支配的时间集中起来。

集中时间的方法很多。有些人，通常是级别高的人，每周在家办公一天。这么做的编辑和科研人员尤其普遍。

有些人的做法是一周安排两天（例如周一和周五）处理各种日常工作，例如开会、审核、讨论问题等，把另外几天的整个上午留出来，连续不断地处理重要事项。

前文的银行总裁就是这样管理时间的。他把周一和周五用来处理日常工作，例如开业务会议，听高管汇报当前工作，接待重要客户，等等。周二、周三和周四下午不做固定安排，用于处理临时发生的事情，这样的事情还总少不了，例如有紧急的人事问题，银行的某个海外代表或者某个重要客户突然造访，或者临时要出差去华盛顿。但是，这三天的上午他全部用来处理重要的事情——每90分钟一段。

另外一种比较普遍的方法是每天上午在家工作一段时间。

在前文提到的苏内·卡尔松教授的研究当中就有一位非常有效的管理者，他每天早上在家工作90分钟，不接电话，专心做自己的研究。就算因为要按时赶到办公室，所以不得不早起，那也比最常见的开夜车要好。大部分人吃完晚饭就已非常疲倦，再加班3小时，效果自然不好，所以中年人或老年人最好还是早睡早起。晚上回家加班的情况非常普遍，原因恰恰是时间管理最差的一种情形：它让管理者逃避管理白天的工作时间。

但是，集中可支配时间的方法远不如思路重要。大部分人是把次要的、成效不那么好的工作放到一起，从而在两块这样的工作之间腾出一段时间。但这么做用处不会太大，因为无论在脑海里，还是在日程上，他把高优先级都给了次要的工作，也就是那些没什么贡献但又不得不去做的事。结果，只要面临新的时间压力，可支配时间和本该在这个时段完成的工作就会被迫做出牺牲。没过几天，顶多是几周，那些可支配时间又全都不见了，被新的危机、新的紧急事务、新的琐事占用了。

有效管理者首先是估算自己有多少真正可支配的时间，然后留出长短合适的整块时间，后面一旦发现有其他事情开始蚕食这个保留时间，就会重新审视时间记录，削减一些成效较差的事务。他们知道，削减过度是极少发生的。

有效管理者都会持续管理自己的时间。他们不仅连续记录，定期分析，而且根据自己对可支配时间的判断，为重要事项设定完成的期限。

> 我认识一个很有成效的人，他总是有两张清单，一张上写着紧急事项，一张上写着虽然让人不愉快但又不得不去做的事项，事项后面都写着期限。他每次发现某些事项可能超期，就明白时间又在悄然溜走了。

时间是最稀缺的资源，不管好它，也就管不好任何其他事情。此外，时间分析是对工作加以分析，并且明确其真正重心的唯一既简单易行但又系统的方法。

"认识你自己"这句关于智慧的古老格言，对于凡人来说难到几乎无法做到，但任何人只要愿意，都可以遵循"认识你的时间"这个法则，踏上通往贡献和有效性的大道。

3

第 3 章

我能做出什么贡献

THE EFFECTIVE EXECUTIVE

有效管理者专注于贡献。他会从工作当中抬起头来，往外看向目标。他思考的问题是："我能做出哪些对我供职的这个机构的绩效和成果产生重大影响的贡献？"他看重的是责任。

关注贡献是在以下三个方面取得有效性的关键：自己的工作，包括工作内容、工作水平、工作标准、工作影响；人际关系，包括与上司、同事、下级的关系；管理工具的使用，诸如会议或报告等。

很大一部分管理者只顾着往下看。他们满脑子装的是工作本身，而不是成果。他们担忧的是所在组织和上司"欠"自己的东西以及应该为自己做的事。他们最在意自己"应该有"的权力。结果，他们让自己变得无效。

某大型管理咨询公司的负责人在开始服务一个新客户的时候，总会先花几天时间挨个访谈客户的高管，跟他们聊一聊这个咨询项目。在对客户的历史、员工等情况做一番了解后，他就会问（当然，很少用我这些话）："你做的哪些工作，让你对得起这份薪水？"他说，绝大部分人的回答是"我掌管会计部"或者"我管销售团队"之类的。事实上，下面这样的答案也不罕见："我手下有850个人。"只有少数人会说"我的职责是给经理们提供他们正确做出决策所需要的信息"，或者"我负责研究顾客将来会要什么样的产品"，或者"我必须深入思考，为总经理明天要做的决策做好准备工作"。

一个眼里只有工作本身、看重下向权力的人，无论职位有多高，也只是一个"下属"。相反，一个重视贡献、对成果负责的人，无论职位有多低，都是名副其实的"高管"。他让自己对整个组织的绩效承担责任。

管理者自己的追求

专注于贡献让管理者超越自己的专业领域、自己有限的技能、自己的部门，把注意力投向整个组织的绩效，投向组织的外部（组织的成果只存在于组织外部）。他有必要想清楚自己的技能、自己的专业、自己的职能、自己的部门，跟整个组织以及**组织的**目标是什么关系，因此他会从服务对象的角度去思考问题。一个组织的产出，不管是有价物品、政府政策，还是医疗服务，根本目的都是服务于顾客、救助对象或者患者。有了这样的思维，这个人所做的事，还有做事的方法，都会有实质性不同。

美国某大型公立研究所，几年前就经历了这样的事情。当时，研究所主管刊物的老主任退休。他从20世纪30年代研究所刚成立的时候就在这里供职，但他既不是科研人员，也没有受过专业的写作训练，他负责的刊物经常被人批评没有专业深度。他退休后，一位有名的科学作家接任，很快让那些刊物有了学术的样子，不料一些目标读者（科研人员）却不再订阅。后来，一位与该研究所密切合作多年的、备受尊敬的大学教授终于对所长道出原委:"你们的前主任是**为**我们写作,现在这位新主任是**向**我们写作。"

究其原因,是老主任思考了这个问题:"我能为研究所的成果做出什么贡献?"他的答案是:"我能激发外面那些年轻的科研人员对我们研究所的工作感兴趣,让他们想来这里工作。"因此,他把研究所的重大难题、重大决策,甚至是重大争端作为报道的重点,这让他不止一次跟所长发生冲突,但他毫不退让。他说:"判断我们这些刊物好坏的标准,不是我们自己喜不喜欢,而是有多少年轻的科研人员来申请研究所的职位,以及这些年轻人有多优秀。"

思考"我能做出什么贡献?"这个问题,就是探寻这份工作当中尚未得到发掘的潜力。就许多职位而言,如果把能做的贡献充分发掘出来,过去取得的那些绩效纵然辉煌,相比之下也会黯然失色。

美国某大型商业银行设有一个代理部,提供的是公司证券的登记和交易代理服务,被人们普遍认为是一个盈利丰厚但工作无趣的部门,因为它做的就是造册、寄送股息支票等事务性工作,要求非常精确,强调高效率,很少需要发挥丰富的想象力。

该部门日复一日地就这么运行着,直到有一天纽约某个大支行新来一个部门副总裁,他提出一个问题:"代理部可以做出什么贡献?"他发现这个工作可以让他直接联系客户的财务高管,而这些客户所有的银行服务(包括存款、贷款、投资、养老金管理等)的"购买决策"都是由这些财务高管负责的。代理部要求效率高是理所当然的,但正如该副总裁发现的那样,它最大的潜力在于销售银行的其他服务。在这位新领导的带领下,这个过去只关心怎么高效率处理文件的代理部,变成了全行非常成功的营销队伍。

管理者不思考"我能做出什么贡献?"这个问题,不仅会把目标定得太低,而且可能把目标搞错。最要紧的是,他们会把自己的贡献定义得太窄。

正如上文两个实例所揭示的,"贡献"的含义可能大不相同。然而,所有的组织都需要在三个重要方面取得绩效:①取得直接成果;②确立并不断强化价值;③培育和开发将来需要的人才。组织在其中任何一个方面缺少绩效,都会走向衰落,最后灭亡。因此,这三个方面都必须纳入每位管理者的贡献当中。不过,三者的重要性并无固定的排序,它们会因为管理者的个性和职位以及组织的需要不同而出现显著的差异。

组织的直接成果通常是不言自明的。如果是企业,它们是经济成果,例如销售额和利润。如果是医院,它们是患者护理等。不过,就像上面那位银行副总裁的事例所揭示的,就算是直接成果,也不是时刻都明确无误的。如果连直接成果应该是什么都没有弄清楚,自然也就不可能取得成果。

英国国营航空公司的绩效(或者说糟糕的绩效)就是这样的例子。人们希望它们像企业一样运行,同时又把它们当成落实英国国家政策和维护英联邦成员国关系的工具，可实际上它们的主要目的是给英国飞机制造业续命。夹在这三种关于直接成果的不同概念之间，它们在这三个方面都做得不好。

首先要考虑的是直接成果。它们对组织的作用就好比热量对人体的作用。但是，任何一个组织又需要坚守并不断强化自己的价值，就像人体需要维生素和矿物质一样。组织必须"代表"某些东西，否则这个组织就会陷入涣散、混乱和瘫痪。就企业而言，它追求的价值可以是技术领先，或者像西尔斯公司那样为美国的家庭寻找合适的产品和服务，并在采购当中实现最低的价格和最好的质量。

其次，组织的价值追求也并非总是明确无误的。

美国农业部就曾在两类根本不兼容的价值追求之间摇摆。它一方面想提高农业的生产率，另一方面又想让"家庭农场"成为"国家的支柱"。为了提高生产率，美国农业实现了高度的工业化和高度的机械化，本质上已经成为一个规模庞大的商业体系，而鼓励家庭农场的发展需要的是保持农村的传统，支持那些低生产率的农业人口。由于国家关于农场的政策在这两类全然不同的价值追求之间摇摆（至少到近几年之前如此），因此农业部真正成功的只有一件事，那就是花费了巨量的资金。

最后，生命有涯，导致贡献有限，组织在很大程度上是克服这种有限性的一个手段。组织如果没有长期生存的能力，就等于已经失败。因此，它现在就必须为将来培养人才，也就是更新人力资本，持续提升人力资源的质量。下一代人应该把这一代人通过努力和奉献取得的成绩视为当然，并站在前人的肩膀上，创下"新高"作为再下一代人的基准线。

组织如果只能维持当前水准的愿景、优势和成绩，那就相当于已经丧失适应能力。人间万事，唯有变化永恒，既然明天必不同于今天，只能维持现状的组织到了明天就会无法生存。

管理者专注于贡献这一点本身就能有力地促进人员的发展。通常来说人们面临的要求越高，发展就会越快。关注贡献的管理者，会提高所有共事者的眼光和标准。

某医院的新任院长第一次主持召开院务会议，会上大家讨论了一个颇为棘手的问题，他一度以为已经解决，找到了让所有人满意的解决方案，不料突然有人问："这会让布莱恩护士满意吗？"这个问题瞬间又点燃了讨论，经久不息，直到形成一个进取性强得多的方案。

院长后来了解到，布莱恩护士在医院工作多年，虽然工作不是非常突出，连护士长也没有当过，但只要她所在的病房要做患者护理方面的决策，她都会问："我们是在尽最大努力帮助患者吗？"布莱恩看护的患者总是恢复得更快，于是几年以后整个医院都学会了使用"布莱恩护士法则"。换句话说，就是学会了自问："我们真的在为奉行本院的宗旨做出最大的贡献吗？"

布莱恩护士退休已近十年，但她树立的标准还在起作用，医院里那些学识和职位比她高的人也在使用这个法则。

追求贡献就是负责任地追求有效性。不这样做，就是欺骗自己，损害组织，欺骗同事。

管理者失败的最常见的原因，是不能或者不愿按新职位的要求做出改变。管理者履新之后，如果只是重复在旧职上做得很好的事，几乎必定失败。职位变了，不仅需要为之做出贡献的成果会改变，绩效的三个维度的相对重要性也会改变。管理者如果不明白这一点，就会发现自己做的事跟在旧职上完全一样，局面却大不一样：之前是事也正确，方法也正确，现在突然变成事也错误，方法也错误。

二战期间，华盛顿网罗的很多能人都遭遇失败，上述原因便是主要原因。有人说，那是因为他们不懂华盛顿的"政治"，或者他们之前是独立工作的，到了华盛顿才突然发现自己不过是"一架大机器上的小齿轮"。其实，那些充其量不过是一些次要的原因，因为有许多人既没有政治头脑，又从来没有在一个比只有两个人的律所更大的机构里干过，到了华盛顿之后却成了非常有效的管理者。罗伯特·舍伍德（Robert E. Sherwood）就是这样一个人。他领导规模庞大的战情局（Office of War Information），还著书[⊖]阐述过怎么发挥权力的

⊖ *Roosevelt and Hopkins*（New York, Harper & Row, 1948）.

作用，观点很有洞察力，而他在担任此职之前只不过是个剧作家，所供职的"组织"仅仅包括他的书桌和打字机。

在战时华盛顿取得成功的那些人都关注贡献，结果他们既改变了自己的工作内容，也调整了三个价值维度的相对重要性。相反，失败的那些人有不少其实工作更加勤勉，但他们没有挑战自己，没有看到需要调整自己努力的方向。

我们再来看一个非常成功的事例。某人年届60岁才出任某大型全国性连锁零售店的总经理，此前他在公司二把手的位置上干了20多年。他那时的上司性格外向，进取心强，比他还年轻几岁，于是他很安心地当二把手，从未想过要成为一把手，但天有不测风云，上司50多岁的时候突然撒手人寰，他这个忠诚的副手便只好接任。

走马上任的他搞财务出身，对数字很在行，成本核算、采购存货、新店筹资、人流分析这些东西，他都了然于胸，但对人才基本上只有一个模糊而抽象的概念。他在突然成了总经理之后，就问了自己一个问题："什么事情是只有我能做，而别人不能做，而且我要是做得很好，就能让公司变得大不一样的？"他最后得出结论，认为真正重要的贡献是培养人才。该公司原本就有很好的管理者培养政策，多年来大家都以此为荣，但这位新任总经理指出："光有政策没有用，我的贡献是要确保政策真正得到执行。"

从那时开始，直到任期结束，他都会在吃完午饭回办公室的时候，顺道去公司人事部随机取八九份年轻干部的人事档案，回到办公室就开始处理。他打开第一份档案，迅速浏览一遍，然后抓起电话打给这个干部的上司："罗伯森先生，我是公司的总经理，从纽约给你打电话。你有个手下叫琼斯，你是不是6个月前建议过给他换个工作，让他获得一些商品规划的经验？你提过这个建议，那为什么到现在还没有行动？"讲完便挂了电话。

他打开第二份档案，给另一个城市的某经理打电话："史密斯先生，我是公司的总经理，在纽约给你打电话。你推荐过一个叫罗伊的下属，年纪很轻，你想让他去学一点关于店内会计的事情。我刚才在看档案，你已经把建议付诸行动。你做得很好，是在真正给公司培养年轻人，我很高兴。"

这个人总经理没当几年就退休了，公司后来取得了巨大的发展，但十多年过去了，就连公司里从来没有见过他的管理者也将此归功于他，可以说他这是实至名归。

自问"我能做出什么贡献？"这个问题，也能在很大程度上解释美国国防部长麦克纳马拉取得的卓著有效性。他是仓促上任的，全无准备。1960年秋天，肯尼迪总统突然找到他，希望他担任内阁当中这个最棘手的职务，当时他正在福特汽车公司供职。

麦克纳马拉在福特汽车公司完全是个"内部"管理者，全然不懂政治，出任国防部长后一开始安排下属负责对国会的联络，但几周之后发现需要仰仗国会的理解和支持，于是他迫使自己做出改变，亲自去国会汇报情况，结交国会各个委员会的要人，学习驾驭国会内部交锋的艺术，这对他这样一个本不愿意抛头露面的政治素人来说，真是非常困难，也难言愉快。跟国会打交道这件事情，不能说他做得非常成功，但至少胜过任何一位前任。

麦克纳马拉这个事例表明，管理者的职位越高，外部世界对管理者做出贡献的意义就越大。身为最高负责人，应对外部事务的自由度在组织内通常无人可及。

美国当前这一代大学校长的最大通病，可能要算他们过于关注诸如行政管理和筹款等内部事务，然而在大型高校又没有别的人可以自由地跟学生建立关系。学生才是学校的"顾客"，他们对学校管理层有疏离感，显然是他们觉得郁闷和不安的重要原因。1965年加州大学伯克利校区发生的学生骚乱，就跟这种情绪有关系。

如何让专才有效

专注于做出贡献对于知识工作者来说尤其重要。只要做到这一点，他就能有所贡献。

知识工作者生产的不是"实物",而是构想、信息和概念。另外,知识工作者通常是专才。通常只有学会把某件事做得非常出色,也就是有自己的专长,他才会有效。然而,一个专业在本质上只是一个片段,结不出果实,只有跟其他专才的产出结合在一起才能形成成果。

这并不是说要培养通才,而是要让专才本人及其专业发挥有效性。这意味着专才必须弄清楚谁会使用自己的产出,以及使用者必须知晓和理解哪些东西才能让自己生产的这些片段发挥成效。

> 当今很多人认为社会上的人可以分为"科学家"和"门外汉"两类,于是希望门外汉学习一点科学家的知识,了解一点科学家的术语,掌握一点科学家的工具。殊不知,即使可以这样分类,那也是100年前的事情了。现代组织的每个人几乎都是专家,熟练掌握了某种专门的知识——这些知识各有自己的工具、主题和术语。同时,科学领域在不断细分,如今到了这样一个程度:两个人同是物理学家,却彼此难以弄懂对方关心的是什么问题。
>
> 成本会计师也跟生物化学家一样称得上"科学家",因为成本会计这个专门的知识领域拥有自己的假设、主题和术语。这也适用于市场研究人员、计算机编程人员、政府机构的预算人员、医院的精神科医生。他们都必须得到他人的理解才能变得有效。

掌握知识的人始终应当承担起让他人理解的责任。认为门外汉有能力或者有责任去努力理解自己，或者自己只要跟少数同行专家交流就行了，那便是傲慢到近乎野蛮。就算是在大学或者研究实验室，这样的态度（唉，如今太普遍了）也会让专家徒劳无果，把知识从学问变成可以卖弄玄虚的东西。一个人要想成为管理者，也就是承担起做出贡献的责任，他就必须关心自己的"产品"（即知识）的可用性。

有效管理者明白这个道理。他们会在抬头问贡献这种导向的悄然引领下，努力弄清楚其他人需要什么，看到了什么，理解了什么。他们会不停地询问组织中的其他人，包括上司、下级，特别是其他领域的同事："你需要我对你做出什么贡献，才能让你对组织做出**你的**贡献？你什么时候要，以什么方式要，形式又是怎样的？"

成本会计师如果提出这些问题，很快就会发现：有一些假设，在自己看来浅显易懂，在使用会计数字的经理们看来却很陌生；有一些数字，在自己看来很重要，在生产运营的人看来却不相关；还有一些数字，生产运营的人每天都需要，自己却几乎视而不见，很少提供给对方。

制药公司的生物化学家如果提出这些问题，很快就会发现自己的研究成果不能用生物化学的语言去描述，而是只有用临床医生习惯的语言表达，才会真正得到应用。这是因为，某种化合物是否进入临床试验，从而生物化学家的研究成果能否有机会成为新药，临床医生才是决定者。

在政府任职并关注贡献的科研人员很快就会发现，自己必须向政策制定者解释清楚某个科学进展**可能**导致什么结果。他要做的是一件常被科研人员视为禁忌的事,即对某类科学研究的最终结果做出自己的推测。

所谓的"通才",唯一站得住脚的定义是:能把自己狭窄的专业领域融入人类知识的汪洋大海的专才。有少数人对多个狭窄的领域有所了解,但那样的人也不是通才,只是若干领域的专才罢了。一个人如果偏狭,那么懂三个领域跟只懂一个领域也不会有什么区别。但是,一个对自己应该做出的贡献负责的人,会努力把自己狭窄的专业领域融入整体。他可能永远无法独自把若干知识领域融会贯通成整体,但他很快会发现自己要对别人的需要、方向、局限和感知有足够多的了解,才能让别人用好自己的成果。这样做就算不能让他领略到多样化的丰富内容和让人兴奋之处,也能让他避免染上有识者的自大习气——这种习气是一种退行性疾病,会摧毁知识,破坏它的美和有效性。

正确的人际关系

管理者在组织内如果拥有良好的人际关系,原因不在于他们拥有"人际天赋",而在于他们在处理自己的工作以及人际关系时都专注于贡献。这导致他们建立的关系富有成效——这是"良好的人际关系"的唯一正确的定义。相处融洽和言语和悦不仅没有意义,而且不过是恶劣态度的虚假门脸罢了——如果以工作和任务为中心的人际关系不能带来成就的话。反之,偶尔的疾言厉色并不会对人际关系造成伤害——如果这种关系有助于各方取得成果和成绩的话。

如果有人问我谁对人际关系处理得最好，我认为有三个人：乔治·马歇尔（George C. Marshall）将军，二战期间美国陆军参谋长；阿尔弗雷德·斯隆，20世纪20年代早期至50年代中期通用汽车的总裁；尼古拉斯·德雷斯塔特（Nicholas Dreystadt），斯隆的高级助手，带领凯迪拉克在大萧条期间成为豪华汽车品牌（如果他不是在二战刚刚结束就英年早逝，很可能已在20世纪50年代某个时候接了斯隆的班）。

人与人的差异能有多大，这三个人的差异就有多大。马歇尔是"职业军人"，寡言少语、严肃、专注，极富沉静的魅力。斯隆是著名的"管理者"，含蓄、礼貌、冷淡。德雷斯塔特热情、健谈，典型的"老海德堡"德国工匠的样子。他们三人每个都赢得了所有下属的由衷拥护，甚至可以说是真正的爱戴。三人都围绕着贡献处理人际关系（包括与上司、同事和下级的关系），虽然使用的方法各不相同。三人都跟别人结成了紧密的合作关系，需要思考很多关乎人员的事情。三人都需要做出至关重要的"人员"决策。但是，他们谁也不担心"人际关系"，而是能够坦然处之。

专注于贡献本身可以满足有效人际关系必须具备的四个基本要求：

- 相互沟通

- 团队合作

- 自我发展

- 培养他人

1.沟通在过去20多年间是管理研究的焦点，现代社会的几乎所有大型组织，包括企业、公共机构、军队、医院等，都对它倾注了极大的关心。

不过迄今为止成果寥寥。我们很早就已察觉，现代组织沟通不善，亟待提高，但二三十年过去了，总体上还是跟之前一样糟糕。好在我们开始明白，为何如此轰轰烈烈的努力会归于徒劳。

我们一直强调从管理者到员工、从上级到下级开展沟通，但实际上这样从上到下的沟通几乎不会奏效。感知与沟通理论揭示了这一点。上级越想讲的，下级越有可能**听错**。下级只会听到他自己想听的，而不是上级想告诉他的。

但是，管理者如果自己在工作中承担起做出贡献的责任，通常也会要求他们的下级那么做，于是就会问："这个组织，以及我——你的上司，应该让你担负起做出哪些贡献的责任？我应该对你抱有什么期待？怎样才能最好地发挥你的知识和能力？"这样，沟通才有可能进行下去，并真正变得容易。

当然，下级想清楚自己应该做出什么贡献之后，上级既有权利也有责任判断下级所提出的应做的贡献是对是错。

所有的经验表明，下级自己设置的目标几乎从来不同于上

级对他们的期望。换句话说，下级或年轻人对现实的看法明显不同。他们越是能干，越是愿意承担责任，他们对现状及其客观机会和需要的理解就会越有别于上级或者组织。但是，这样下级的结论与上级的期望之间的任何差异都会赫然在目。

有了差异，谁对谁错通常并不重要，因为上下级之间这时已经建立起有效沟通。

2. 专注于贡献能促进横向沟通，从而让团队合作成为可能。

只要思考"我的工作结果必须有谁使用，它才能变得有效？"这个问题，立刻就会发现一些不在指挥关系中的人有多么重要（这些人的级别有高有低，工作关系有前有后）。这揭示了知识型组织的真实情况：有效的工作实际上是由知识和技能迥异的人组成的团队完成的。这些人必须按照情境逻辑和任务的要求自愿开展合作，而不是遵照正式的组织结构开展合作。

以医院为例。医院可能算得上最复杂的现代知识型组织，护士、营养师、理疗师、X光技师、药剂师、病理医师以及其他各领域的医疗专家，必须通力合作去医治患者，谁也不会刻意站出来发号施令或者加以控制。然而，他们必须朝着一个共同的目标努力，并且遵守同一个总体行动计划，即主治医师的治疗方案。从组织结构的角度看，这些医疗专业人士向各自的上级汇报工作。他们每个人都按照自己那个高度专业的知识领域的要求行事，也就是以"专业人士"的身份行事，但又必须根据患者的具体情况、条件和需要，把必要的信息告诉所有其他人，否则自己的努力有可能适得其反。

在专注于贡献已成根深蒂固的习惯的医院，实现这样的团队合作几乎毫无困难。反之，在不关注贡献的医院，就算采取各种措施促进沟通和合作，例如组建委员会、召开员工大会、发通告、下命令，也无法真正实现横向沟通，无法自动自发地组织成以任务为中心的良好团队。

今日的机构普遍面临的一个组织问题，是使用传统概念和理论根本解决不了的。知识工作者在面对自己的专业知识领域时，必定把自己看成专业人士，对自己的工作能力和工作标准负责。从正式的组织结构角度看，他们必定认为自己"属于"承担某个职能的专业部门，例如生物化学或者护理部门。从培训、档案、评价和晋升等人事管理角度看，他们接受的是按知识门类划分专业的管理。但在实际工作当中，他们越来越多地要担负起团队成员的责任，跟来自完全不同的知识领域的人合作，致力于完成某个具体的任务。

专注于向上的贡献本身不能从组织层面解决这个问题，但它有助于人们理解任务和促进沟通，让不那么完美的组织能够取得绩效。

知识工作者之间的沟通由于计算机革命的发生而变得非常重要。长期以来人们面临的困难是怎么让"信息"摆脱"沟通"的干扰，因为过去的信息要靠人去处理和传递，于是信息经常因为沟通的原因而失真——具体原因包括个人观点、印象、评价、判断、偏见等。现在我们突然进入另一种情境，即信息变得基本不带有人为因素，因此不带有任何沟通的成分，成为纯粹的信息。

不过我们现在面临的问题是建立必要的、最小限度的沟通，以便大家互相了解对方的需要、目标、观念和行事方式。信息本身并不能提供这些东西。人们只有靠直接接触，借助对话或者文字才能实现沟通。

信息处理的自动化程度越高，我们越是需要创造机会以开展有效的沟通。

3. 个人的自我发展在很大程度上取决于对贡献的专注。

"我对组织绩效能做出的最重要的贡献是什么？"问这个问题的人，实质上是在问这些问题："我需要什么样的自我发展？我要做出应有的贡献，需要获得哪些知识和技能？我需要在工作当中发挥哪些长处？我需要给自己确立怎样的工作标准？"

4. 专注于贡献的管理者还会激发其他人的自我发展——包括上级、同事和下级的自我发展。他根据任务的需要，而不是根据自己的喜好确立工作标准。同时，这些标准要求人们追求卓越，要求人们志存高远、目标宏伟，做意义重大的工作。

我们虽然对自我发展知之甚少，但有一点是明确的：人们总体上会按自我要求去发展，知识工作者尤其如此。他们按照自己理解的成就和收获发展自己。对自己没什么要求，就原地踏步。自我要求很高，就能成长为杰出人物——付出的努力却不比成就小的人多。

有效的会议

开会、做汇报、做陈述是管理者的典型工作情境。会议、汇报、陈述是管理者每天都要使用的专门工具，会占用管理者大量的时间——哪怕他的时间分析做得很好，并已控制好全部可控的东西。

有效管理者对会议、汇报和陈述会有明确的期望，知道相应场合的目标是什么或者应该是什么。他们会自问："我们为什么开这个会？是要做决策，还是为了通报情况，或者弄清楚大家应该干什么？"他们坚持先弄清并明确目的，再召集会议、索要报告、组织陈述。他们会确保会议是有助于自己做出应有贡献的。

有效管理者一开始就会阐明会议的具体目的和预期成果，并且努力引导会议达到这个目的。他不会让通报会变成"吹牛会"，让大家天马行空地各抒己见。他也不会把一个旨在激发思考和创见的会议，变成某一个人的报告会，而是会让它切实激发每一个参会人的思考。他在会议结束的时候，总是会呼应开场所说的话，阐述最终结论和最初意图之间的关系。

提高会议成效的方法还有很多（一个显而易见但又经常被人忽略的法则是角色要分明，一个人可以主持会议并听取要点，也可以作为参会人展开讨论，但不可二者兼得），但首要原则是从一开始就要专注于贡献。

专注于贡献可以让管理者解决自己面临的一个基本难题：各种事务杂乱如麻，光看事情本身无法判断哪些重要，哪些纯粹是"噪声"。以贡献为标准就能做出判别。专注于贡献为管理者提供了组织原则，提供了判断事项相关性的标准。

专注于贡献还让管理者把工作情境中的一个先天劣势转变为优势之源：管理者需要依靠他人，且身处组织内部。专注于贡献可以让他把众多个体塑造成团队。

最后，专注于贡献可以让管理者抵御偏安组织之内的诱惑。它会引导管理者，特别是高层管理者，把目光从内部的活动、工作和关系上面抬起来，向外看，关注组织需要取得的结果。它会促使管理者努力跟外界建立直接联系——这里讲的外界对企业来说是市场和顾客，对医院来说是患者，对政府机构来说是各种"公众"。

总之，专注于贡献就是专注于有效性。

4

第 4 章
让长处富有成效

THE EFFECTIVE EXECUTIVE

有效管理者会让长处富有成效。他知道，不能寄望于短处。要想取得成果，必须使用所有人的长处，包括同事的长处、上级的长处、自己的长处。众人的长处才是真正的机会所在。让长处富有成效是组织的独特目的。每个人都有诸多短处，组织当然不可能帮助人们去克服短处，但可以让这些短处变得无关紧要。组织的任务就是把各人的长处变成构件，组合在一起去取得绩效。

用人所长

管理者要让长处富有成效，碰到挑战的第一个领域就是用人（staffing）。有效管理者在填补空缺和提拔人员时，考虑的是这个人擅长做什么。他做用人决策，不是为了尽可能消除短处，而是为了让长处取得最好的成效。

美国南北战争期间，林肯总统任命格兰特将军（General Grant）担任北方军队的总司令，有人报告说格兰特贪杯，林肯听后回答："如果我知道他爱喝哪个牌子，我倒想给其他将军送上一两桶。"林肯在肯塔基州和伊利诺伊州长大，那里是当时西部拓荒的前沿，他对杯中之物及其危险当然再清楚不过了，但在北方的众多将领当中，只有格兰特一再证明自己可以运筹帷幄，指挥赢得战斗。事实证明，对格兰特将军的任命是南北战争的转折点。这是一次有效的任命，因为林肯总统的择人标准是拥有经过战争检验的打胜仗的能力，而不是节制，也就是没有缺点。

不过，林肯懂得这个道理可是交过学费的。他在选中格兰特之前，连续任命过三四个将军，选人的主要标准是没有明显缺点。结果，北方军队虽然在人力、物力上拥有压倒性的优势，却在1861～1864年间没有取得任何进展。与此形成鲜明的对比，南方军队的总司令罗伯特·李（Robert E. Lee）将军却以长处作为用人标准。自"石墙"杰克逊将军（Stonewall Jackson）以下，每一个将领都有明显和严重的短处，但李将军认为这些缺点无关紧要（他这样做是对的）。然而，他们每一个都在某个方面有真正的过人之处，而李将军用的就是这个长处，而且只用这个长处，发挥出它的有效性。结果，林肯任命的"全面型"将领，一次又一次地败给李将军的那些长处数量虽少但非常突出的"专用工具型"将领。

无论为人员安排职位还是为职位物色人选，如果都只想着规避短处，最后顶多取得平庸的结果。如果认为能够找到"全面"的人，也就是只有长处没有短处的人（不管用的是什么词，例如"完人""成熟的个性""训练有素的人"或者"通才"），那就是开出方子寻找平庸之辈，甚至是寻找无能之辈。有峰就有谷，真正有长处的人，短处也总是很明显。没有人能在很多领域都很突出，而且就算是最杰出的天才，站在整个人类的知识、经验和能力面前，也会显得那么微不足道。世上没有"能人"这回事，"能在哪里"才是关键所在。

管理者如果总是关注某人不能做什么，而不是他能做什么，于是总想着怎样避其所短，而不是扬其所长，那么这个管理者自己就是弱者。他可能把别人的长处当成了对自己的威胁，但其实从来没有管理者会因为下属能力强和工作出色而受累。对有效管理者的任何赞誉，为培养有效管理者开出的任何处方，都比不过美国钢铁行业之父安德鲁·卡内基（Andrew Carnegie）给自己选的墓志铭："躺在这里的人，知道怎样找到比自己更优秀的人为他工作。"但是，卡内基找的这些人之所以"更优秀"，是因为卡内基看到了他们的长处，并且发挥了这些长处的作用。他们每个人都是在特定领域和特定职位上"更优秀"，卡内基则是他们当中最有效的管理者。

关于李将军的另一个故事，可以很好地说明让长处富有成效究竟是什么意思。据传，他手下某个将领有一次没有服从命令，完全打乱了他的部署，而且这已不是第一次发生。李将军平素克制，这次却大发雷霆，一位随从在他怒火平息之后小心翼翼地问道："您为什么不革他的职呢？"听闻此言，李将军转过身来，满脸惊讶，盯着这位随从回答说："你问得好荒唐——他能打胜仗啊。"

有效管理者知道，下属的职责是取得绩效，而不是取悦上级。他们知道，当红的女星只要能带来票房，脾气发得再多也不要紧。如果她只有发完脾气才能有精彩的表演，那么忍受她的坏脾气就是剧院经理的职责。同样，一流的老师或杰出的学者对系主任是不是友好，在教师大会上是不是和蔼可亲，也不要紧。系主任的职责就是要支持这位一流的老师或学者有效地开展工作——如果只是在行政工作中有一点不愉快,代价其实是很低的。

有效管理者从来不问:"他跟我的关系怎么样?"他们问的是:"这个人可以做出什么贡献?"他们从来不问:"这个人不能做什么?"他们总是会问:"他做什么做得特别好?"他们用人时看的是一个人在某个重要领域出类拔萃,而不是在各个方面都过得去。

寻找一项长处并努力发挥它的作用,是由人的本质决定的。事实上,所有关于"完人"或"成熟个性"的讨论,往深里究都是严重蔑视人类最特殊的能力:把全部资源倾注到一项活动、一个领域、一个目标上面去的能力。换句话说,这是对卓越的蔑视。人只有聚焦于一个领域,顶多是很有限的几个领域,才能达成卓越。

兴趣广泛的人的确存在,人们讲的"全能天才"通常就是指他们,但在很多领域都成果卓著的人从来没有过。比如说达·芬奇,他虽然有那么广泛的兴趣,但实际上也只在设计领域成就斐然。又比如歌德,如果他的诗作没有流传下来,那么仅凭他在光学和哲学领域的涉猎,哪怕是一本很厚的百科全书,就连一个脚注也不会给他。这些人伟大如斯尚且如此,我等凡人就更不用说了。因此,管理者除非能够识人所长,并且努力让长处富有成效,否则一定会受制于此人之所不能,受制于妨碍此人取得绩效和有效性的各种缺点、短处和缺陷。用人不立足于长处,只关注短处,就会造成浪费——误用,甚至是滥用人力资源。

专注于长处就是要求取得绩效。上级如果不先问"这个人能做什么?",就意味着他可以接受此人远低于真实水平的贡献。这相当于提前为此人的低绩效寻找借口。这样的管理者只会坏事,谈不上有挑剔的眼光，更不用说想法切合实际了。真正"严苛的上司"（但凡能成就人的上司都是严苛的），总是从思考一个人应该能做好什么事出发，然后要求这个人真正做到。

如果从规避短处出发，就会妨碍组织实现它的目的。组织是用人的长处去取得绩效和避免短处产生危害的独特手段。能力特别强的人既不需要组织，也不愿意受组织的束缚，而是更愿意单打独斗。可是，我们绝大部分人拥有的长处，并没有突出到足以克服种种限制发挥出有效性的程度。"你不能只雇用一只手——整个人都会跟着手一起来。"这句话在人际关系领域广为人知。同样的道理，一个人不可能全都是长处，而是总会有短处的。

但是，我们可以对组织做出适当的安排，让人的短处只影响他自己，少影响甚至不影响他的工作和成绩。我们可以对组织做出适当的安排，充分发挥长处的作用。例如，一个优秀的税务会计师，如果不善于处理人际关系，那就很难独立执业，但如果进入一个组织，组织就可以给他安排独立的办公室，让他不必直接跟人打交道。组织可以让人发挥长处，同时将其短处变得无关紧要。小企业主如果只精通财务，不太擅长生产和营销，有可能会碰到麻烦。如果是在一个规模较大的企业里，一个人哪怕只在财务方面真正有长处，也容易取得成效。

有效管理者对人的短处不会视而不见。一个人如果精通税务会计，那么管理者的职责就是让这个人做好税务会计，同时不对他处理人际关系的能力抱有幻想，于是断不会让其担任经理职务。

擅长处理人际关系的人总能找到，一流的税务会计师却难找得多，因此真正要考虑的是这个人在组织中能做什么（对其他人也是如此），至于这个人不能做什么，那只不过是他受到的局限罢了。

有人会说，这些都是明摆着的道理呢。那为什么不是所有的人都这么做？为什么能让长处富有成效，特别是能让同事的长处发挥出成效的管理者那么少？为什么像林肯那样杰出的人物，用人也还是从短处出发，在失败了三次之后才改成从长处出发？

主要原因是管理者的当务之急不是给人安排职位，而是给空缺的职位物色人。于是，他倾向于把这个职位当成自然秩序（order of nature）的一部分，然后去找人填补空缺。这样做很容易误入歧途，想要找一个"最不可能错配"的人选，也就是最无懈可击的人选，结果必然是平庸之选。

一个被广泛兜售的"药方"是让岗位符合可用之人的个性。但是，除非是在规模很小、结构极简的组织里，否则这个因人设岗的"药方"只会让"疾病"雪上加霜。职位必须是客观的，也就是由任务决定的，而不是由个性决定的。

因人设岗之所以不能解决问题，原因之一是组织内任何职位的定义、结构和位置发生变化，都会引发连锁反应，波及整个组织。组织内的不同职位是相互依赖、环环相扣的，不能因为要把某一个人安排到某一个职位上去，就把众人的工作和职责全部调整一遍。一旦因人设岗，几乎必然导致职位要求与可用人才之间出现更大的脱节，导致为了安排一个人却要调整一大批人。

这绝不只适用于政府机构和大企业等科层制组织。以大学开设课程为例。学校要开设生物化学概论这门课，最好是找一位优秀的老师，这位老师可能是某个方向的专家，但无论他的兴趣和偏好是怎样的，这门课程都必须有综括性，覆盖这个学科的基础知识。也就是说，这门课教什么取决于学生需要学什么（客观需求），授课教师必须接受这个事实。交响乐团也是如此。如果首席大提琴手出现空缺，那么乐团指挥绝不会找一个双簧管吹得极好但大提琴拉得不好的人去充数，哪怕此人在音乐上的造诣胜过任何一个备选的大提琴手。乐团指挥也不会为了适应某一个人而去改写乐谱。剧院经理也清楚，服务好当红的女星，确保她在发完脾气之后仍然按节目单演唱歌剧《托斯卡》，是自己的职责所在。

强调职位必须是客观和不带个人色彩的，还有另一个微妙的原因——只有这样，组织才能拥有它所必需的人员多样性；只有这样，才能容忍（实际上是鼓励）不同脾气和个性共存。要容忍多样性，人际关系就必须是以任务为重心，而不是以个性为重心。要评价一个人的成就，衡量的必须是贡献和绩效，并要制定客观的标准。然而，只有职位的设计和安排不带个人色彩，才有可能做到这一点。否则，基调就会从"什么是正确的？"变为"谁是正确的？"。要不了多久，任用决策的依据就成了"这家伙是我喜欢的吗？"或者"他是可以接受的吗？"，而不是"他是最有可能做得非常出色的那个人吗？"。

因人设岗几乎必然导致徇私和顺从。这两种情况组织都承受不起。任用决策必须公平，不带个人色彩，否则就会导致优秀人员流失或丧失动力。组织需要多样性，否则就会无力做出变革和激发做出正确决策所需的异见（参见第 7 章）。

这意味着，创建一流管理者团队的人，往往不会跟直接同事和下属建立特别亲密的关系。他们按照能力而不是自己的喜好挑选人，追求的是绩效，而不是顺从。为此，他们有意跟工作关系紧密的同事保持距离。

据说林肯总统曾经跟他的内阁成员（例如战争部长斯坦顿）有很好的私交，但他是在后来有意疏远，保持一定的距离之后才变得有效的。富兰克林·罗斯福（Franklin D. Roosevelt）总统在内阁成员里也没有"亲信"，就连财政部长亨利·摩根索（Henry Morgenthau）也不是，他俩在工作之余可是无话不谈的密友。马歇尔将军和斯隆也都有意与人保持距离。他们其实天性热情，渴望跟人建立密切的关系，也很有交友待友的天赋，但是他们清楚友谊必须"在工作之外"。他们知道，自己是否喜爱和赞许不是用人的标准，甚至还会构成干扰，而保持适当距离则有助于建立成员既具多样性又各有长处的团队。

当然，因人设岗的特例也总是有的。就连强调组织结构不应带有个人色彩的斯隆，在通用汽车公司组建工程部门之初，也是有意围绕着大发明家查尔斯·凯特林（Charles F. Kettering）设计的。罗斯福总统为了让病重的哈里·霍普金斯做出独特的贡献，更是打破了本书列出的所有规则。但是，这样的特例只能是极少数，而且只能针对那些已被证明能力的确出众、可以出色完成非常任务的人。

那么，有效管理者怎样才能做到用人所长，却不至于掉进因人设岗的陷阱呢？

他们总体上遵守以下四条法则。

1. 职位不是由自然或者上帝创造的，而是由非常容易犯错误的人设计的。于是，他们总是非常警惕，担心出现"无人胜任"的职位，也就是根本不适合常人担任的职位。

这样的职位很常见，它写在纸上看起来非常合情合理，但就是无人可以胜任。任职者之前绩效良好，但到了这里干个一年半载就吃败仗，换了又换，无一例外。

几乎毫无例外，这个职位最初是为了某个特殊人物设计的，是按照他独有的特点量身定制的，需要任职者具备某些罕见的性情，但问题在于人们虽然可以学习截然不同的知识，掌握千差万别的技能，却很难改变自己的性情，于是这样一个需要多种不同性情的职位就成了一个"无人胜任"的职位，一个坑人的职位。

解决的办法很简单：任何一个职位，如果连续挫败了两三个人，而他们在之前的职位上都干得很出色，那就必须认定这是一个常人无法胜任的职位，必须重新设计。

以市场营销为例。几乎所有的营销学课本都下结论说，销售管理与广告、促销不可分割，应当由同一位营销高管负责。大型全国性消费品公司的实践却证明，这个全面营销管理职位是常人无法胜任的。它既需要非常有效的一线销售（推动货物流通），又需要非常有效的广告和促销（打动人），做好这两项工作需要截然不同的个性，它们很难在一个人身上共存。

美国大型大学的校长也是这样一个职位。至少我们看到的是只有很小一部分干得还不错——尽管校长们在之前的职位上几乎都有多年的辉煌成就。

大型跨国公司的国际业务副总裁也是如此。很多公司只要在母国之外的生产和销售达到一定规模，例如占公司总量的1/5左右，就把"母国以外"的全部事务交给国际业务副总裁，于是这就成了一个常人无法胜任的坑人职位。正确的做法是划分成全球性的产品群，例如荷兰的飞利浦公司。或者按照主要市场的社会和经济共性划分，例如把它分成三个职位：一个管工业化国家（美国、加拿大、西欧各国、日本）的业务，一个管发展中国家（拉美大部分国家、印度、近东国家）的业务，一个管其他欠发达国家的业务。几个化工巨头走的就是这条路线。

大国的驻外大使也面临同样的窘境。大使馆规模庞大、活动庞杂，大使就算有能力管好大使馆，也几乎可以肯定没有时间和兴趣再去履行他的首要职责：了解驻在国的国情、政府、政策和人们，让驻在国的人认识他、信任他。最后来看麦克纳马拉。虽然他在五角大楼有过降龙伏虎的表现，但我还是不认为美国国防部长是一个有人可以真正干好的职位（我也必须承认自己拿不出解决办法）。

因此，有效管理者首先要做的，就是确认职位设计合理。如果经验告诉他设计并不合理，他不会试图去找个天才来担任此职，而是会重新设计。他明白，组织面临的考验不在于找到天才，而是要有能力让平凡人做出不平凡的绩效。

2. 用人所长的第二个法则是让每一个职位都富有挑战，而且职责范围足够大。它必须富有挑战，可以充分发挥任职者的长处。它的职责范围要足够大，能让与此相关的长处取得丰硕的成果。

不过，大型组织大多不这么做。它们倾向于把职位划小——只有员工是专为在特定时点取得特定绩效而设计和加工的，这样做才是合理的。实际上我们只能按照员工本来的样子用人，而且除了最简单的职位之外，职位的要求总会发生变化，并且经常是突然变化，这时"完美之选"也就变得不再适合。只有一开始就把职位设计得富有挑战，职责范围也足够大，才能让任职者能够在情况发生变化之后适应新的要求。

这个法则特别适用于初入职场的知识工作者。无论他的长处是什么，都应该有机会得到充分发挥。他在第一份工作中树立的标准，会成为他职业生涯的指引，成为他衡量自身及其贡献的标尺。知识工作者在走出校门之前都只能展现潜力，只有成年并真正开始工作，去学校、研究实验室、企业或者政府机构任职，才有机会做出成绩。无论对这些职场新人，还是对他们的同事和上司，最重要的都是发现他们真正能做什么。

对职场新人来说，同样重要的是尽早判断自己是不是真正选对了地方，甚至是不是选对了职业。体力劳动需要的才干和技能有比较可靠的检验手段，例如木匠或者机器操作工好不好是可以提前检验的，但知识工作没有合适的检验手段。知识工作需要的不是这种或那种特定的技能，而是一个结构（configuration），只有用绩效去检验才能揭示它是否合适。

木匠和机器操作工的职责取决于其手艺本身，换一个地方也不会有多少变化，但要让知识工作者利用其能力在组织内做出贡献，组织的价值和目标至少与此人掌握的知识和技能同等重要。某个年轻人的长处在这个组织大有用武之地，但换到那个看起来一模一样的组织，就有可能变得完全不匹配。因此，知识工作者的第一份工作，要能让他同时检验自己及其供职的组织。

> 这种情况不仅适用于不同类型的组织，包括政府机构、大学或企业，也适用于同一种类型的组织。先看企业。我迄今为止没有见过哪两个大公司确立的价值和看重的贡献是完全相同的。再看大学。在这所大学工作愉快，成果丰硕，换一所大学之后却变得无所适从和萎靡不振的，大有人在。最后看政府。无论美国文官事务委员会（Civil Service Commission）多么努力让所有政府机构遵守相同的规则，并用相同的尺度去衡量它们，但每个政府机构都过不了几年就会拥有自己鲜明的个性。每个机构都要求它的职员，特别是专业序列的职员，拥有独特的行为方式才能变得有效和做出贡献。

年轻时换工作容易，至少在能够接受人员流动的西方国家是这样的。但是，只要在某个组织待长了，例如十年甚至更久，换工作就会越来越难,如果有效性还不高,就更是如此。因此,年轻的知识工作者应当尽早思考:"这个职业和这个地方适合发挥我的长处吗?"

但是,他会连这个问题也提不出来,更不用说做出回答——如果初任的职位过于狭窄,过于简单,职位设计的指导思想又是规避他缺少经验的不足,而不是发挥他的长处。

针对年轻知识工作者的多次调查得到的都是同样的结果,无论他们是军队的医生、化学研究所的研究人员,还是企业的会计或工程师,或者医院的护士。真正对工作充满热情并取得成果的,是那些能力得到使用并受到挑战的人。相反,感到十分沮丧的那些人,都以不同的方式抱怨说:"我的能力没有发挥出来。"

职位过于狭窄且能力没有受到挑战的那些年轻的知识工作者,不是选择离开,就是很快堕落为早衰的中年人,尖酸刻薄、玩世不恭、碌碌无为。各个地方的管理者都在抱怨,很多激情似火的年轻人很快变成了燃尽的废柴,其实这些管理者自己才是罪魁祸首,因为正是他们把年轻人的职位设计得过于狭窄,浇灭了年轻人心中的热火。

3. 有效管理者明白必须从思考人有什么长处入手,而不是从思考职位有什么要求入手。这意味着这种思考很早就要开始,而不是临到要做填补职位空缺的决策时才去思考并受到这个决策的干扰。

这就是考评机制(appraisal procedures)广为使用的原因。考评是定期对人员,特别是对知识工作者做出评判,目的是在需要决定某个人是否适合某个职责更大的职位**之前**,形成考评结论。

但是,尽管几乎每个大型组织都设有考评机制,但真正用起来的没几个。太多的管理者声称,自己每年对每个下属至少做一次考评,但自己从来没有得到过上级的考评。太多的考评表格躺在档案夹里，真正到了做任用决策的时候却无人问津，形同废纸。特别是，本来指望上级能够坐下来，跟下级好好谈一谈考评发现的情况，但实际上没有谈话，几无例外。然而，"考评谈话"才是整个考评机制的关键所在。问题出在哪里？我们从一本管理新书的广告词中或可窥见一斑：考评谈话是上级"最反感的工作"。

如今绝大多数组织用的考评，最初是由从事临床心理和异常心理诊疗的医生设计的诊断方法。医生以救死扶伤为己任，理所当然关心患者哪里有问题，而不是哪里健康无恙。他认为只有生病的人才会到他那里去，因此从事临床心理或异常心理诊疗的医生用考评的方式去诊断疾病是天经地义的。

> 我是在第一次接触日本式管理的时候明白这一点的。当时，我正在做一个讲座，惊讶地发现居然没有一个日本人（都是大公司的高管）使用考评，于是向他们询问原委，有人这样回答我："您讲的考评只关心发现人的错误和短处，但由于我们既不能解雇一个人，也不能否决他涨薪、升职，所以考评对我们没有意义。实际上，我们对他的短处了解得越少越好。我们真正需要了解的，是他有什么长处，能做什么。您讲的考评却根本不在乎这个。"西方的心理学家们，特别是那些设计考评制度的，很可能不同意他们的观点，但这就是所有管理者看待传统考评的方式，无论他们来自日本，还是美国，或者德国。

整个西方都很有必要深入思考日本的成功经验。大家都了解日本的"终身雇用制"，也就是一个人无论当工人，还是做白领，或者走专业和管理路线，一旦受雇就会沿着这条路径走下去，随着年纪和服务时长的变化不断晋升，薪资大约每15年涨一倍。他们既不能辞职，也不会被辞退，只有晋升到顶且年满45岁才会出现差异——只有很少一部分人因为能力和操守出众得以成为高级管理者。这样一个制度与日本取得巨大成就的能力是怎样匹配的呢？答案是，这个制度迫使日本人去努力规避短处。正因为不能随便开除人，所以日本管理者总是在寻找谁可以把事情做好，也就是总在寻找人的长处。

我不是要向大家推荐日本的这个制度，因为它远非理想的制度。事实上，在这个制度下所有重要的事情都是由极少数能力出众的人承担的，其他人都由这个组织养着。在我们西方社会，人员的流动性要大得多，我们个人和组织要想充分享受人员流动的好处，最好采纳日本人这种寻人所长和用人所长的做法。

上级如果按照考评的要求专注于下级的短处，会破坏他在处理上下级关系时应有的正直，因此许多管理者违背组织的政策不去开展考评，他们的直觉是完全正确的。他们认为考评谈话关注的是错误、缺陷和短处，于是觉得它让人反感，这也完全可以理解。患者前来就医，讨论患者有什么毛病是医生的职责，但这样做有一个前提，那就是人们认为医患之间是专业与救助的关系（从希波克拉底时代开始就是如此），与上下级之间的职权关系不具可比性。按照医患关系，上下级几乎无法长期共事。由此可见，使用考评的管理者那么少是不足为怪的。考评是一个错误的工具，既用错了地方，也弄错了目的。

考评及其指导思想还过于关注"潜能"，但经验丰富的人明白，我们无法在一个人做事之前或者针对他完全没有做过的事去评估他的潜能。"潜能"不过是"希望"的代名词。希望之星泯然众人的不少，而有人未曾展现这样的希望（可能仅仅是因为没有机会），却实实在在做出了成绩。

我们能衡量的，只有绩效。我们应该衡量的，也只有绩效。这是把职位设计得大且富有挑战的另一个原因，也是必须思考清楚人要对所在组织的成果和绩效做出什么贡献的原因。这是因为，只有对照具体的绩效目标，才能去衡量一个人的绩效。

管理者总归需要某种形式的考评，否则就要临到填补职位空缺的时候才去对人员做出评价——这个时机是错的。于是有效管理者通常会想出全然不同的考评形式。考评首先是列出期望考评对象在旧职和现职做出什么样的重大贡献，以及对照这些目标取得的绩效，然后思考以下四个问题：

（1）他在哪个方面已经做得很好？

（2）所以他可能在哪个方面做得很好？

（3）他要想充分发挥长处还需要学会哪些东西？

（4）如果我有儿女，愿意送到他手下去工作吗？

    1）如果愿意，为什么？

    2）如果不愿意，为什么？

这种考评显然比普通考评要挑剔得多，但它关注的是人的长处，是从这个人能做好什么事开始的，将其短处则视为充分发挥长处以及取得成就、取得有效性和实现目标所面临的局限。

上面这些问题当中只有2）不是关心长处的。下级，特别是那些聪明、年轻和志向远大的下级，通常会把有魄力的上级作为自己的榜样，因此一个富有魄力但品德败坏的管理者，对于一个组织来说最容易造成品德败坏，也是最具破坏力的。这样的人，最好是单干，就算是在组织内工作，只要不对他人拥有权力，也许还可以容忍，但一旦手中握有权力，就会在组织内造成破坏。因此，只有在这一个方面，短处是既不容忽视，也非无关紧要的。

良好品格和正直本身并不足以成事，但缺少它们会搞砸一切。因此，只有在这一个方面，只要存在短处就应当做出否决，而不是把短处当作绩效能力和长处受到的局限。

4. 有效管理者清楚，要想用人所长，就要能容人所短。

历史上杰出的指挥官鲜有不以自我为中心，并且极其自负和自恋的。（当然，反之并不尽然。自诩伟大却籍籍无名者大有人在。）同样，从政者如果不是每个细胞都渴望成为总统或首相，就很难留名青史。那样的人顶多成为一个有政绩或者有重大政绩的政坛老手。要想更上层楼，就需要这个本已自视甚高的人坚信，整个世界，至少是整个国家，迫切需要他去掌权谋政。（反之并不尽然。）如果需要的是在危难中指挥若定的能力，那就要接受英国首相本杰明·迪斯雷利（Benjamin

Disraeli)和美国总统富兰克林·罗斯福那样的人物，不能太介意他们不够谦逊。仆从眼里无英雄，但贻笑大方的总是仆从。仆从跟英雄朝夕相处，不可避免地会看到英雄的各种无关紧要的特点，那些无碍于英雄完成历史使命的特点。

因此，有效管理者在选人时思考的是："这个人在**某一个**重要领域有长处吗？这个长处跟他要完成的任务相关吗？如果他在这个领域做得很出色，能产生重大成果吗？"如果答案是肯定的，那就做出决策，任用此人。

有效管理者很少幻想两个庸人顶得上一个能人。实践告诉他们，两个庸人甚至还不如一个庸人，因为这两个人总会互相拖累。他们认为，能力必须用到具体任务中去才能产生绩效。他们从不泛泛地谈"能人"，谈的总是某个人就某项任务而言是不是"能干"。他们总是针对一项任务去寻找所需要的长处，以卓越为目标做出任用决策。

这也意味着他们在用人时，是专注于抓住机会，而不是解决问题。

他们根本不会接受这样的说辞："这个人我可不能放。他一走，我就麻烦大了。"他们很清楚，对这种"少不了的人"只会有三种解释：这个人其实并不能干，只是因为对他的工作要求不高，所以才混得下去；这个人的长处被用于支撑无能的上级；这个人的长处被用于延迟某个严重问题的爆发，甚至用于掩盖这个严重问题的存在。

无论哪种情况，这个"少不了的人"都必须调走，而且行动要迅速，否则无论他有什么长处都会被摧毁。

第 3 章提到过那家大型连锁零售商的总经理，他以自己不同寻常的方式让公司的经理培养政策发挥出有效性。他就是这么做的，只要听到某人的上级说这个人少不了，就会立刻将此人调离。"这意味着上级弱，或者下级弱，或者两个都弱。反正不管是哪种情况，越早搞清楚越好。"他这样解释自己的行为。

总之，职位出现空缺时，只提拔那个已经用绩效证明最适合这个职位的人，这必须成为用人的铁律。所有违背这条原则的说辞，例如"这人少不了""这人不会得到接纳""这人太年轻""我们从不把没有现场经验的人安排到这里来"，都不应加以理会。我们不仅要给各个职位找到最好的人，而且这也是那些已经用绩效证明自己的人应得的机会。用人时着眼于抓住机会，而不是解决问题，既有益于创建最有效的组织，也有益于激发热情和奉献精神。

反之，管理者有责任坚决调离任何一个总是不能取得出色绩效的人，特别是这样的经理。姑息这种人留任，会伤害其他人。这对组织很不公平，对那些因为上级无能而失去建功立业机会的下级很不公平，对当事人自己更是毫无意义的折磨。无论此人嘴上是不是承认，他都清楚自己其实并不胜任。以我的经验看，但凡不能胜任的人，无一不是在遭受压力和紧张的慢性摧残，无一不是在默默祈祷早日脱离苦海。无论日本的"终身雇用制"，还是西方国家的种种公务员制度，都不把已被证明无法胜任视为革职的理由，这是一个非常严重的缺陷——这个缺陷本来可以避免。

马歇尔将军在二战期间就坚持一个用人原则，只要发现某个将官没有达到优秀的标准，就立刻予以调离。他这样做的理由是，让此人继续指挥无法让他的下属很好地履行军队和国家赋予他们的职责。马歇尔将军根本不会听"但是我们无人可换"这样的话。他说："唯一重要的事情是你知道这个人胜任不了，至于谁来接替他是下一个问题。"

但是，马歇尔将军也坚定地认为，革去某人的指挥职务，与其说是对此人做出评判，不如说是对任命此人的上级军官做出评判。"我们知道的仅仅是这个职位不适合这个人，"他说，"这不意味着他就不是另外哪个职位的理想人选。任命他担任前一个职务，是我犯的错误，那么现在我有责任找出他能做好的是什么事。"

马歇尔将军总体上是一个让长处富有成效的典范。20世纪30年代中期，在他首次担任要职的时候，美国军队的将官个个年事已高，无人适合担任作战指挥官，就连他自己也险些因为年龄不能出任总参谋长。按照规定，60岁便不能再任此职。马歇尔得到任命是在1939年9月1日，当年12月31日就是他的60岁生日，相隔不过4个月。后来在二战期间担任将官的那些年轻人，在马歇尔将军开始挑选和培养他们的时候，都还是低衔军官，晋升的希望渺茫。艾森豪威尔是他们当中比较年长的，三十五六岁时也不过是官至少校。然而，马歇尔上任仅仅3年，到1942年，他培养的将官数量之多，能力之强，堪称美国历史之最。经他提拔的将官，几乎无人失败，就连二流之才也少有。

这样一个做出军事史上人才培养壮举的人，身上却丝毫看不到"领导力"的常见特点，例如像蒙哥马利、戴高乐、麦克阿瑟等人那样展现出的强烈的个人魅力和高度的自信。马歇尔所做的就是恪守原则，他总是在问"这个人可以做好什么事？"，一旦发现某人确有长处，此人的短处就是次要的了。

例如，巴顿（George Patton）将军战功显赫，但他野心勃勃，非常自负，缺少在和平时期做好幕僚和职业军人的素养，马歇尔一次又一次出手为他解围，让他免受处罚。其实，马歇尔本人非常厌恶巴顿那种率性妄为的作风。

至于短处，只有在它们对充分发挥长处构成妨碍的时候，马歇尔才会去关心，通过对工作和职位的安排帮助大家去克服。

20世纪30年代中期，年轻的艾森豪威尔还是一名少校，显然缺少成体系的战略思维，于是马歇尔将军刻意安排他去作战计划部门任职。艾森豪威尔虽未因此成为军事战略家，但对战略的重要性有了足够的了解和尊重，从而得以充分发挥自己在带领队伍和战术规划方面的卓越才能。

马歇尔将军任用的总是最够格的人选，而不管此人之前的职位有多么需要他。"为了这个职位，应该这么做。为了这个人，应该这么做。为了军队，应该这么做。"如果有人，通常是拟用人选当时的上级，请他不要把这个"少不了"的人调走，他总是这样回答对方。

马歇尔将军只破过一次例，那就是他听罗斯福总统说自己少不了他，便选择留在华盛顿继续任职，让艾森豪威尔去担任欧洲战区的最高指挥官，放弃了自己毕生的梦想。

马歇尔将军还明白，每一个任用决策其实都是赌博，但是基于人之所长去做决策，至少是在理性地赌博。这一点人人可以向他学习。

上级不仅对下级的工作负有责任，而且手握影响下级前途的权力，因此让长处富有成效不仅是上级有效性的一个要件，更是上级的一项道德义务，是其拥有职权和担任职务的责任所在。相反，盯着短处不放，不仅愚蠢，而且不负责任。发现每一个下级的长处并通过它取得最大成效，不仅是管理者对组织负有的责任，更是对下级应尽的义务。组织必须设法让个体发挥长处，并且突破局限和短处，取得成就。

这一点越来越重要，而且是至关重要。在短短一代人之前，知识工作岗位的数量和类型都不多。比方说，在德国和斯堪的纳维亚半岛各国，要想成为公务员就必须拥有法律学位，学数学的根本用不着去申请。反过来，受过良好教育的年轻人如果想以知识工作谋生，可以选择的领域也就三四个。再看如今的情况，知识工作的类型多得让人眼花缭乱，知识工作者的就业选择也同样多得让人眼花缭乱。1900 年前后，实用型知识领域仅限于几个传统的专业，例如法学、医学、教育学和传道学等，而现在实用型学科数以百计。此外，如今几乎每一个知识领域都能在某个组织，特别是在企业和政府机构找到用武之地。

这带来两个方面的变化。其一，每一个人都可以努力去寻找最适合发挥自己能力的知识领域和工作类型，不再需要像不久之前那样去适应既有的领域和类型。其二，做出这个选择对年轻人来说越来越难，因为他们没有掌握足够多的信息，对自身和机会都了解不够。

这就让引导个人发挥自身长处变得远比过去重要，也让组织的管理者专注于发现同事和下级的长处并让这些长处富有成效变得重要。

总之，在这个知识工作时代，用人所长对管理者自己及其供职的组织取得有效性至关重要，对每一个知识工作者和整个社会也同样至关重要。

管理上级

有效管理者最重视的是让自己上级的长处发挥出最大成效。

无论在企业，还是在政府或者其他机构，我还没见过谁不是这样说的："管理下级我没什么大问题，但上级我怎么管理啊？"实际上这非常简单，但只有那些有效管理者才明白这一点。诀窍就在于让上级的长处富有成效。

人们对此应有基本审慎的态度。坊间传说，下级可以踏着无能上级倒下的身躯向上走，但事实恰恰相反，如果上级得不到提拔，下级常无出头之日。上级如果因为无能或失败遭到解职，接任者也很少是排名紧随其后的年轻人，而通常是"空降兵"，并且是带着又能干又年轻的助手们一起来。相反，在能让下级取得成功的因素当中，没有什么比得过成功并快速升迁的上级。

光是审慎对待发挥上级的长处还远远不够。其实，让上级的长处富有成效是下级自己取得有效性的关键所在。它能让下级的贡献得到上级的采纳和使用，从而使得下级可以取得成就和实现梦想。

让上级的长处富有成效不是靠溜须拍马，而是从正确的事情出发，并以上级易于接受的方式向其提出。

有效管理者明白上级也是人（聪明的年轻下级常要付出很高代价才会明白）。上级既然是人，就会既有长处，又有局限。发挥上级的长处，也就是让上级去做他擅长的事，这会让上级有效——也让下级有效。寄望于上级的短处，就如同寄望于下级的短处，一样会受到挫败，收效惨淡。因此，有效管理者会思考："我的上级真正擅长做的是什么？""他过去做得特别好的是什么？""他要了解哪些东西才能发挥自己的长处？""他要从我这里得到什么才能做好工作？"至于上级不擅长做的事情，他不会太关心。

下级通常想要"改造"上级。例如，年长而又能干的事务官常把自己当成新任政务官的导师，试图让上级克服他们的短处。有效的下级不会那样做，他们会思考："新来的上级能做好什么事？"如果答案是"他擅长处理与国会、白宫和公众的关系"，那么事务官就会创造条件让新任政务官去发挥这些长处。事务官关于行政和政策的想法再好，如果提出建议的方式不得当，那也是徒劳。相反，如果方式得当，新任政务官知道这位事务官是在为自己提供支持，很快就会乐于倾听事务官的政策和行政建议。

有效管理者还明白，上级也是人，有他自己取得有效性的方式。他会努力去找到这些方式——可能只是某些做法和习惯，但它们切实存在。

大家只要稍加观察就会发现，按照获取信息的方式，人显然可以分为两类："善读者"和"善听者"。（只有极少数人例外，他们通过谈话获取信息，就好像带着心理雷达，边说边观察别人的反应。美国总统富兰克林·罗斯福和林登·约翰逊，还有英国首相温斯顿·丘吉尔就是这种类型。）二者兼备的人很少——刑辩律师通常必须二者兼备。对着善读者侃侃而谈，通常是浪费时间，因为这种人只有先看过材料才听得进去。同样，给善听者呈递上洋洋洒洒的报告，也是浪费时间，因为这种人只有听人说话才能弄清到底是怎么回事。

有些人需要别人把信息浓缩成一页纸，艾森豪威尔总统就必须这样才能做决策。有些人需要了解整个思考过程的来龙去脉，因此需要提方案的人细细汇报，他们才能弄清个中缘由。有些人喜欢图表，事无巨细，哪怕报告长达60页也不要紧。有些人希望及早参与，以便为最终决策做好准备。有些人在时机"成熟"之前，什么信息也不愿意听。如此等等，不一而足。

要想了解上级的长处并使其富有成效，需要做出改变的通常是"方式"，而不是"内容"。汇报如果涉及多个相关的领域，那么要改变的是陈述顺序，而不是区分轻重对错。如果上级的长处在于政治能力出众，而政治能力又跟这个职位有很强的相关性，那么汇报时就要把政治因素放在最前面讲，这样才便于他把握事态，发挥长处去推动新的政策出台。

观察别人，我们都是"专家"，我们认识别人比他们认识自己要清楚得多，因此让上级有效是相当容易的，但这必须建立在上级的长处及其擅长的事情之上，通过发挥他们的长处把他们的短处变得无关紧要。管理者要取得有效性，很少有什么事的作用大过发挥上级的长处。

让自己有效

有效管理者以扬长避短的方式对待自己的工作，把自己可以做的事做出成效。

我认识的管理者，无论他们来自政府机构、医院还是企业，大多都知道自己不能去做的有哪些事：有上级不让做的，有组织政策不让做的，有政府不让做的。他们实在是太在意这些不能去做的事了，抱怨这不能做那不能做，白白浪费自己的时间和长处。

有效管理者当然也关心自己受到哪些限制，但他们总是惊奇地发现其实有很多的事是可以去做的，也是值得去做的。有人抱怨自己什么事也做不了，有效管理者的做法却是向前走，上手做，结果同人视为天险的种种限制，在他们这里却冰雪消融。

某大型铁路公司的管理者个个都知道，政府对他们有诸多限制，不允许他们有任何越界。但后来分管财务的副总裁换了人，新副总裁还没有上过这一"课"，上任不久就直奔华盛顿，去拜访州际商业委员会，提出了几项相当激进的计划，希望得到批准。得到的答复是："这些事情大部分我们根本不在意，这是第一个。至于其他的，你们先试，可行的话我们会很乐意放行。"

"他们什么也不让我做。"这句话，无论我们什么时候听到，都应该怀疑它是懒惰的托词。其实，每个人的生活和工作都会受到某些严重的制约，但就算我们面临某些限制，也总能找到一些重要而有意义的事去做。有效管理者会主动寻找这样的事。如果从"我能做什么？"这个问题出发，几乎总能找到很多可以做的事，多到甚至让自己的时间和资源都不够用。

在自己的能力和工作习惯方面，也同样有必要发挥长处。

要了解自己是**怎样**取得工作成果的，不会很困难。成年之后，我们应该很清楚自己的工作效率是在上午还是在晚上更高；写材料最喜欢的方式是先打草稿再修改，还是字斟句酌慢慢写；公开讲话时是要看讲稿，从不即兴发挥，还是截然相反；是单枪匹马有成效，还是跟人组成小组更习惯，或者根本不适合在小组内工作。

有人喜欢有详尽的计划，在动手之前把事情考虑清楚；有人只要粗略地写几行要点就行。有人在时间紧迫的时候状态最好；有人在时间充裕的时候状态更好，而且会比最后期限早很久把工作完成。有人是善读者，有人是善听者。对自己的这些能力和习惯，就好像对自己习惯用右手还是左手，自己了解得最清楚。

有人会说，这些都是表面上的东西。这句话不一定对，因为这些特点和习惯很多可以反映一个人的重要个性，例如他对世界和置身其中的自己的感知。但是，就算这些工作习惯是表面上的东西，它们也是有效性的来源，而且它们大都适用于各种类型的工作。有效管理者明白这一点，并会采取相应的行动。

最重要的是，有效管理者会保持本色，不会假扮别人。他会分析自己的绩效和成果，努力找出其中的模式。他会思考："什么事是我比较容易做好，而其他人做起来比较难的？"例如，有人发现写报告对自己来说很容易，但有人会望而生畏。但是，觉得写报告很容易的人可能会发现，以这份报告为基础做决策，对自己来说相当困难。换句话说，这个人更适合当参谋，负责总结和阐述问题，但不太适合当决策者，去承担指挥责任。

自己擅长单枪匹马把项目从头做到尾，这一点自己会清楚。自己擅长搞谈判，特别是关于工会合同的那种情绪激烈的谈判，这一点自己会清楚。当然，自己对工会诉求的预测有多准确，这一点自己也会清楚。

不过，人们当谈到某人的长处或短处时，脑海里呈现的大多不是这些东西，而是指的学科知识或者艺术才华，但其实人的性情也关乎成败，而且举足轻重。成年人对自己的性情总归是相当清楚的，因此要想有效，就要发挥自己的长处，而且以最适合自己的方式行事。

让长处富有成效有一点不同于本书已经讨论的任何主题，那就是它不仅是一种惯常做法，还是一种态度。不过，它是可以通过练习得到改变的。我们如果严格要求自己对同事们（包括上级和下级）思考"他能做什么？"，而不是问"他不能做什么？"，很快我们就会树立见人所长和用人所长的态度，最终也会用这个问题思考自己。

在组织内关乎有效性的每一个领域，都应该**喂饱机会，饿死问题**（feeds the opportunities and starves the problems）。在人这个方面，这一点尤其重要。有效管理者会把人（包括自己在内）视为机会。他知道，只有长处才能创造成果，而短处只会制造麻烦——短处全无，则会成果全无。

此外，有效管理者还明白，任何一个群体的标准都是由领导者的绩效决定的，因此他们绝不允许领导者的绩效建立在真正的长处之外的任何事物之上。

人们很早就注意到，运动场上每有新纪录诞生，就会给全世界运动员的成绩打开新的进步空间。例如，人类奔跑1英里[①]的时间曾经多年没有短于4分钟，但在罗杰·班尼斯特（Roger Bannister）突然打破纪录之后，很快全球各个田径俱乐部的普通选手也能接近这个昔日的世界纪录，优秀选手则开始突破这个4分钟难关。

[①] 1英里 = 1609.344米。

在人类的各个领域，领导者与普通人之间的差距常常固定不变，如果领导者的绩效突出，普通人的也会随之高涨。有效管理者知道，提高一个领导者的绩效，要比提高一群人的绩效容易，因此他会确保为领导者岗位找到合适的人，让这个真正拥有长处的人去领跑，取得杰出的成绩。这总是要求管理者专注于人之所长，不介意人之所短，除非这些短处妨碍其充分发挥长处的作用。

总之，管理者的任务不是改造人类。相反，正如《圣经》"按才受托的比喻"所言，管理者的任务是发挥个体的作用，大幅提高整体的绩效能力——无论这些个体的长处是什么，身体怎么样，抱负有多大。

5

第 5 章
要事优先

THE EFFECTIVE EXECUTIVE

有效性若有任何"秘诀"可言，那就是聚焦。有效管理者总是先做重要的事，而且每次只做一件。

聚焦的必要性既根植于管理者工作的本质，也根植于人的本质。几方面的原因显而易见。需要做出的重要贡献很多，可以用来做贡献的时间却总是不够用。分析任何一个管理者需要做出的贡献，都会发现重要的任务多得出人意料；分析任何一个管理者的时间使用情况，都会发现花在真正重要的工作上的时间少得出人意料。管理者的时间管理得再好，终归大部分不属于他自己，因此时间总是不够用。

管理者越是关注向上的贡献，就越是需要相当大的整块时间；越想摆脱单纯的忙碌去追求成果，就越是要付出持续的努力——需要相当大的整块时间才能开花结果的努力。不过，要想获得真正有成效的时间，不管是这会儿半天，还是那会儿两天，需要的是高度的自律和说"不"的坚定决心。

同样，管理者越是努力让长处富有成效，就越清楚有必要把所有可用的长处聚焦于抓住重要机会。这是取得成果的唯一途径。

之所以必须聚焦，还有另外一个因素：大多数人即使专心致志地做一件事，也难以做得很好，更不用说一心二用了。人类可以做的事的确多得惊人，人类称得上是"多功能工具"。但是，要想让人类丰富多样的能力富有成效，唯一的办法是把众多个体的能力集中用于完成一项任务。聚焦就是把多种才干集中用于取得一项成就。

我们把双手同时抛几个球当成特技表演是有道理的。就算是杂耍演员，也只能坚持十来分钟，时间再长一点，球就很容易全掉到地上。

当然，人与人是有差别的。有人喜欢两件事并行，节奏有个变化，工作起来最得心应手，但这样做有一个前提，那就是每做一件事的时候，都给它分配达成某个进度所需要的最小整块时间。不过，我认为能同时做好三件大事的人没有几个。

当然，莫扎特是个例外。据说他可以同时写好几首曲子，但也只有他一个人例外，其他一流的作曲家，例如巴赫、亨德尔、海顿、威尔第等人，虽然高产，但每次只写一首，写完一首或者把一首暂时放一边，再去写下一首。管理者不能轻易认为自己是"管理者中的莫扎特"。

聚焦之所以有必要，原因正是管理者迫切需要完成的任务实在太多，而每次只做一件事可以做得更快。时间、精力和资源越是聚焦，实际上能够完成的任务数量和类型都会越多。

在我认识的企业负责人当中，成事最多的当属最近退休的某制药公司负责人。他走马上任的时候，该公司的规模不大，而且只在一个国家经营，11年过去后，到他退休的时候，该公司已经成为全球性的领导者。

他上任后的头几年一心扑在研究方向、研究项目和研究人员上面。过去，这家公司在研究方面从来没有优势，就连追随都有点吃力。他本人不是科学家，但他认识到公司不能走别人5年前就已开拓出来的路，而是必须选择自己的方向，结果该公司5年后就已在两个重要的新领域取得领先地位。

他接下来开始关注国际化。那时，一些领先的制药公司，例如几家老牌的瑞士公司，成为全球性公司已经多年。在仔细分析全球药品消耗情况之后，他判断健康保险和政府医疗卫生服务是药品消耗的主要推动力，于是把切入某个国家的时机选在该国政府大幅增加医疗卫生服务投入的时候，从而得以在一些过去从未涉足的国家的市场迅速打开局面，而且不用从那些耕耘已久的国际性制药巨头那里虎口夺食。

他在任期的最后5年间聚焦于制定公司的战略，使之符合现代医疗卫生服务的本质。现代医疗卫生正在快速成为"公共事业"，虽然购买医疗服务的实际决策者是个人，即医生，但付费的是公共机构，包括政府、非营利性医院和半公共机构（如美国的蓝十字会）。这个战略是在1965年他退休不久前最终确定的，现在判断是否正确还为时过早，但据我所知该公司是所有大型制药公司当中唯一对战略、定价、营销和全球行业关系做过深入思考的。

这三项任务极为艰巨，任何一个企业的负责人在任期内能做好其中一项都实属不凡，而此人三项都做得很好，而且把公司建成了一个实力强大、兵强马壮的全球性公司。他采取的方式，就是专心致志地聚焦于一项任务，每次只做一件事。

那些"做这么多事",而且是这么多难事的人,"秘诀"就在于每次只做一件事。结果,他需要的时间反而比其他人少得多。

很多一件事也没做好的人,反而要费力得多。这有几个方面的原因。其一,他们低估了任何一项任务所需要的时间。他们总是设想诸事顺利,但在现实中事情总是不会一帆风顺,而是意外频发——实际上意外才是我们唯一有把握必然发生的事。而且,这些意外几乎从来不会是惊喜。因此,有效管理者在时间方面总会留出一点余地。其二,典型的(即不同程度无效的)管理者总想着快马加鞭,实际上往往是欲速则不达。有效管理者不会全速赶路,而是不紧不慢,但持续前行。其三,典型的管理者试图同时做几件事,于是没有一项任务能够得到最起码的整块时间,只要有一项任务受阻,他的整个计划就会随之"崩塌"。

有效管理者明白,自己要做的事很多,而且必须做得有效,因此他们会聚焦,把自己的和所在组织的时间和精力聚焦起来,每次只做一件事,而且总是要事优先。

抛弃昨天

管理者聚焦的首要法则,是抛弃那些已经不再有成效的旧事。有效管理者会定期检视自己和同事的工作计划,思考:"假如这件事不是已经在做，**现在**还会去做吗？"除非答案是无条件的"是的"，否则他们就会停止这项活动或者大幅减少投入。至少，他们会确保在那些不再有成效的旧事上不再投入资源。这些旧事占用的优质资源，特别是那些拥有稀缺长处的人员，有效管理者会将其立刻抽出来，用于抓住未来的机会。

不管是不是情愿，管理者永远都在努力摆脱过去造成的困境。这是无法避免的。今天总是昨天的行动和决策的结果，而且无论职位高低，人都无法准确预见未来，因此昨天的行动和决策，无论在当时是多么果敢和英明，都不可避免会成为今天的麻烦、危机和蠢事。然而，用今天的资源去创造未来是管理者的专门职责，无论他在政府、企业还是其他机构任职。这就意味着所有管理者永远都要花时间、精力和智慧去修补或者摆脱过去的行动和决策留下的麻烦——这些行动和决策可能是自己的，也可能是前任的。事实上，这件事耗费的时间比其他任何事情都要多。

管理者至少可以停止那些不再有希望带来成果的旧活动和旧任务，从而努力减少旧事的束缚。

摆脱完全失败的旧活动不难，因为它们会自动消亡。但是，成功的活动经常会在失去成效后持续很久。更危险的是另一种情况：有些事本来是可以做好的，但出于某些原因并未取得预期的成效，便成了"对管理者自我的投资"，变得神圣不可侵犯。⊖但是，这样的活动如果不加清理，而且是毫不手软地加以清理，就会耗尽组织的血液。到

⊖ 参见《为成果而管理》。

头来，对管理者自我的投资没有见到"应有的成功"，却总是把最能干的人浪费在这里。

所有类型的组织都非常容易患上这两种伴生疾病，而在政府尤其普遍。政府的计划和活动，跟其他组织的计划和活动一样会很快过时，但它们不仅会被当成永恒不变的，还会以公务制度的形式嵌进政府的结构，并且一推出就成为某些人的既得利益，在立法机构拥有自己的代言人。

如果政府规模小，在社会生活中所起的作用不大，就像1914年以前的美国政府一样，倒还不是很危险，但如今的政府如果再把精力和资源用于完成过时的任务，代价就会非常高昂。我估计，美国政府的各种机构，至少有一半要不是在监管着本已无须监管的事情（例如州际商业委员会的主要目标是防止铁路运输形成垄断，而铁路垄断早在30年前就已不复存在），要不就是在关注对政治家自我的投资以及本该取得成果但实际上从未兑现的各种活动，例如大多数的农业计划。

政府迫切需要制定有效施政的新原则，规定每一个行动、每一个机构、每一个计划都只是暂时的，在一定年限（比如10年）之后就会自动到期，除非聘请外部机构对计划及其结果和贡献进行深入研究，并通过立法专门予以延长。

约翰逊总统在1965～1966年下令对所有政府机构及其计划开展过这样一次研究，效仿的是国防部长麦克纳马拉的"计划审查"——他用这个方法砍掉国防部那些过时和无成效的工作。这是第一步，走得对，也很有必要，但如果不改变传统的思维方式，还是不会有什么成果。人们认为所有计划都应该持续开展下去，除非事实证明它们已经不再有用，但正确的做法是假设所有计划都很快会过时，除非事实证明它们确有成效且有必要继续开展，否则就应该予以废止。如果不这样做，那么现代政府不仅会用越来越多的规则、监管和表格让社会窒息，同时也会让自己因为臃肿而窒息。

虽然特别容易患组织臃肿病的是政府，但没有哪个组织对这种病有免疫力。大企业的管理者对政府的官僚习气批评得最为严厉，但他们可能在自己公司大搞"控制手段"，实际上却什么也控制不了；开展各种调研，只是为了掩饰自己不愿意勇敢地做出决策；开展各种研究或为了协调各种关系，导致员工激增。他把自己的时间，还有得力下属的时间浪费在已经过时的老产品上，却让未来可能成功的产品挨饿。对大企业的严重浪费鞭挞得最严厉的学者，可能在系里的教务会议上吵得最凶，而目的只是把一门已经过时的课程继续设为必修课。

希望自己有效，也希望所在组织有效的管理者，会对所有计划、所有活动、所有任务都加以监督，会不停地问："这还值得做吗？"如果答案是否定的，就会砍掉，以便聚焦于少数几项任务——这些事情只要做好了，就会显著提升他自己的工作成果和组织的绩效。

特别重要的是，有效管理者在启动一项新活动之前，会砍掉一项旧活动。这对于组织的"体重控制"很有必要，否则组织很快就会变得规模失控、人心涣散和无法管理。社会组织和生物体一样，有必要保持精干和强健。

不过，每个管理者都清楚，万事开头难，做新事情总会碰到麻烦，因此除非嵌入有效的脱困措施，否则便是在一开始就埋下了失败的种子。使新活动脱困的唯一有效措施，是为其配备能力已经得到验证的人员，但这些人总是已经忙碌过头，除非先为他们减负，否则不能指望他们去承担新任务。

另一种做法，即"外聘"新人承担新任务，它的风险极大。新人适合用于接管已经运行顺畅的老任务，在新任务上则适合使用长处已经得到检验的老手。每一个新任务，哪怕之前其他人已经做过很多次，也都是一次风险巨大的赌博，风险大到即便是经验丰富的有效管理者也会避免徒增风险：只要有一丁点儿可能，就不用外聘的人去掌管。他从自己的惨痛经历中明白这一点，他曾目睹很多在别处供职时堪称天才的人"为我们工作"6个月后便一败涂地。

一个组织有必要经常引入新鲜血液，吸纳新观点。如果只在内部提拔，很快就会变成近亲繁殖，最后丧失活力。但是，只要有可能，就不要把新人引入风险极高的地方——最高管理团队和重要新任务的负责人职位。可以让他们担任略低于最高层的职位，或者负责已经定义清晰、有章可循的活动。

系统地抛弃过去，是建设未来的唯一途径。我了解的任何一个组织，都不缺少构想，也就是说问题不在于没有"创造力"，而在于很少有组织真正着手去实现它们这些好的构想，所有的人都在忙旧任务。哪怕是在最官僚的组织里，定期审视所有计划和活动的生命周期，把不能证明仍有产出的那些砍掉，所能激发出的创造力也足以让人惊叹。

杜邦公司比世界上其他任何一家化工巨头都要出色得多，在很大程度上就是因为该公司总是在产品或工艺走下坡路**之前**就将其淘汰。杜邦这样做，就是不把人和资金等稀缺资源用于捍卫昨天。其他公司大多奉行不同的规则，认为"只要效率足够高，做马鞭子的工厂也总会有市场"，以及"公司靠这个产品起家，我们有责任维持它应有的市场"。这样的公司在化工行业内外比比皆是。

但是，抱怨公司没有新产品，派管理者去参加各种创造力研讨会的，又恰恰是后面那些公司。杜邦公司在忙着生产和销售新产品，根本无暇去做这些事。

推陈方能出新，这是常理。如果1825年前后美国交通部就已存在，那么我们有理由相信驿站马车如今也还会存在，而且一定是国有的，一定会得到大量补贴，一定会疯狂地开展"马匹再驯"的研究。

优先任务与延迟任务

明天要做的事总是很多，时间却总是不够用；应该去抓的机会总是很多，得力的人却总是不够用——更何况还会有麻烦和危机层出不穷。

因此，必须决定哪些任务值得优先处理，哪些任务的重要性稍低，但唯一的问题是由谁来做出最终的决定——是管理者，还是压力。但是，任务总要根据可用的时间加以调整，机会总要由得力的人掌管才有可能去抓。

如果任由压力来决定优先次序，而不是让管理者决定，可以预见那些重要的任务会做出牺牲。通常来说，人们不会有时间去完成任何一项任务的最耗时间的那个部分，即把决策转化为行动。一项任务只要还没有转化为组织的行动和行为方式的一部分，那么这项任务就还没有完成。这几乎就是说，如果不是有人已将任务视为己任，已经接受干老活的新方法或者干新活的必要性，已经以某种方式把管理者"完工"的项目变成自己每天的常规工作，那么这项任务就还没有完成。如果因为时间不够用而忽视这一点，所有的工作和努力就会徒劳无果。然而，如果管理者无法聚焦并且设定优先任务，这样的结局就不可避免。

让压力控制优先次序的另一个可以预见的结果，是高管层的工作根本得不到开展。这些工作总是可以向后推一推的，因为它们不是为了化解昨天的危机，而是为了创造不一样的明天。压力总是偏爱昨天。特别是，高管层如果任由压力控制自己，就会忽视一项无人可以代替它去做的工作，也就是不再关注组织外部。这样做的结果是它会脱离外部这个唯一的现实，这个唯一产生成果的地方。这是因为，压力总是偏爱组织内部事务。压力偏爱往事多过未来，偏爱危机多过机会，偏爱直观可见多过真实，偏爱紧急的事项胜过有意义的事项。

但是，真正难的还不是确定优先任务。这做起来容易，谁都能办到。之所以很少有管理者能够做到聚焦，原因在于很难设置"延迟任务",也就是决定哪些事情不去做,并严守这个决定。

大多数管理者都已得知,搁置实际上就是放弃。他们很多人认为,就一个以前已做延后处理的项目而言,可能没有比重启它更不适宜的事情了。重启的时机几乎总是错的,而无论做什么事,要想做成,时机都很重要。一件事在五年前去做可能很英明,现在再去做几乎必然陷入沮丧和失败。

维多利亚时代有一部小说,写的是一对男女在 21 岁的时候差一点结婚,但世事无常,二人劳燕分飞,等到重逢时,二人已经 38 岁,男鳏女寡,于是喜结连理,过上了美满的生活。实际生活可不是这样的。如果在 21 岁的时候他们结为夫妻,二人或许能够共同生活、共同成长,但 17 年的时光很长,会让人改变很多,二人各自生活,彼此之间已形成很大的差异。

一个梦想成为医生的青年被迫从商,50 岁时已在商界功成名就,这个时候再去重拾年轻时的梦想到医学院就读,恐怕连学业都会完不成,更不用说成为出色的医生了。除非他有超乎常人的强烈动机,例如有强大的宗教信仰做动力,希望成为传教士医生,否则他会觉得学医和行医非常让人厌倦和难以忍受。

同样,两家公司的合并曾经看起来像是天作之合,但因为其中一家的总经理不甘屈居对方总经理之下,合并也就不了了之,六七年过去后,这个倔强的管理者终于退休,这时几乎可以肯定当年的美满"婚姻"对哪一方都不再合适。

然而，延后实际上就是放弃的认识，使得管理者害怕延后任何事情。他们清楚，这项或那项任务的优先级虽然不是最高的，但把它搁置起来却有风险。降级处理的这个事情，最后可能成为竞争对手的重大胜利。某个政治家或长官决定暂时忽略的政策领域，保不准将来会成为最受关注和最危险的政治事件。

例如，艾森豪威尔和肯尼迪总统都没想过把民权事宜摆在高优先级，而约翰逊总统上任之初把越南事务，甚至是整个外交事务都坚定地划归延迟任务。（这在很大程度上解释了，为什么他在被迫调整优先任务的计划后，之前支持他把"向贫困开战"作为优先任务的自由派人士，转而强烈反对他。）

设定延迟任务清单还会让人不快。每一个延迟任务，都有可能是另外某个人的最优先的任务。列一个漂亮的优先任务清单，所有其他事情也每件"做一点点"，两面押注，这要容易得多。这会让每个人都很开心，但唯一的坏处是它会导致一事无成。

关于怎样设定优先任务的分析有很多，但对于区分优先任务和延迟任务，最重要的不是高超的分析，而是勇气。

设定优先任务需要遵循一些真正重要的法则，对这些法则起决定作用的因素是勇气，而不是分析。这些法则包括：

- 重视将来，而不是重视过去
- 专注于机会，而不是专注于问题

- 选择自己的方向，而不是随波逐流
- 目标高远，做可以带来不同的事，而不是但求"安全"，做容易的事

很多科学家的事迹表明，（至少是爱因斯坦的相对论、玻尔的原子结构、普朗克的量子理论那样的天才级成果以下的）科研成就更多地取决于追逐机会的勇气，而不是开展科研的能力。科研工作者如果只想选最有可能快速出成果的项目，而不是选最具挑战性的难题，就不可能成为杰出的科学家。他们也许可以产生大量可以列入科学史脚注的成果，但不会有某个物理学定理或某个新概念以他们的名字命名。伟大的成就属于这样的人：根据机会确定研究的优先任务，把其他标准只当限制因素而非决定性因素的人。

同样，成功的企业不是那些只想着为现有业务线开发新产品的企业，而是那些以发明新技术和开创新业务为目标的企业。通常，只要是做新的事情，无论大小，都是风险一样大，费力一样多，不确定性一样强。但是，把机会转化为成果带来的收效要大于解决问题带来的收效——解决问题不过是恢复昨日的平衡而已。

优先任务和延迟任务必须不断根据实际情况加以审视和调整。例如，美国的历任总统没有一个是可以坚持自己最初提出的优先任务清单，而不被某些事件打乱的。实际上，完成当前的优先任务之后，优先任务和延迟任务清单本身就会因此改变。

换句话说，有效管理者会全力以赴去完成当前聚焦的那**一项**任务。在完成该项任务之后，他再对形势做出评估，确定接下来哪一项任务最重要。

聚焦就是有勇气对什么是真正重要和优先的事项做出自己的决策，并据此使用自己的时间。它是管理者成为时间和任务的主人，而不受其驱使的唯一希望。

第6章
决策的要素

THE EFFECTIVE EXECUTIVE

决策是管理者众多任务当中的一项。它通常只会占用管理者少量时间，但决策是管理者**特有**的任务，因此探讨有效管理者，就有必要对决策做专门的讨论。

只有管理者需要做决策。实际上，这是管理者的本质使然。管理者由于担任职务和拥有知识，于是被人期待做出对整个组织及其绩效和成果有重大影响的决策。

因此，有效的管理者需要做出有效的决策。

他们把决策当成一个系统的、要素定义清晰的、步骤有条不紊的过程，但这个过程跟时下许多书中描述的"决策制定"实在相去甚远。

有效管理者做的决策不会很多，他们聚焦于那些重要的决策。他们会努力想清楚那些具有战略性和共性的东西，而不是想着怎么"解决问题"；努力站在概念性理解（conceptual understanding）的最高层面做好为数不多的重要决策；努力找出在某个情境下的常量。因此，他们不会有太大的压力要快速做出决策。实际上，他们认为精于操控众多变量是思考不够深入的表现。他们希望弄清决策到底是怎么回事，还有决策需要充分考虑哪些根本的现实情况。他们要的是收到实效，而不是提高技巧；要的是明智，而不是聪明。

有效管理者明白什么时候必须按照原则做决策，什么时候应该量体裁衣和区别对待。他们明白决策的最微妙之处在于对妥协的拿捏，并已学会怎样区分什么是正确的妥协，什么是错误的妥协。他们明白最耗时间的步骤不是决策本身，而是把决策付诸实施。决策在"分解成具体工作"之前还不能叫决策，顶多可以称之为良好的愿望。这意味着虽然有效的决策建立在最高层面的概念性理解的基础之上，但它的落实必须尽可能接近执行层面，并且尽可能简单。

两个决策案例

贝尔公司的西奥多·韦尔（Theodore Vail）是美国杰出企业家中最不知名的，但又可能是美国商业史上最有效的决策者。他从1909年底至20世纪20年代中期担任该公司总裁，[一]带领公司成为全球最大的私营企业和最具活力的成长型公司。

电话系统私营，如今在美国被认为是理所当然的，但贝尔公司服务的北美大陆（包括美国和加拿大人口最多的魁北克和安大略两个省）当时是世界上唯一电信公司不属政府所有的经济发达地区。贝尔公司还是唯一证明自己有能力冒风险取得领导地位并实现快速增长的公共事业公司，尽管它之前已在核心地区取得垄断地位，最初的市场也已达到饱和。

贝尔公司取得如此成就，不是因为运气好或者是"美国人的保守主义"起了作用，而是因为韦尔在他任职的近20年间做出了四个战略性决策。

韦尔很早就认识到，电信公司要想保持私营身份和拥有自主管理权，就必须做一些与众不同的事情。当时，欧洲各国的电信公司都是

[一] 西奥多·韦尔（1845年7月—1920年4月），1878年加入贝尔公司，出任公司总裁，1889年退休，后于1909年复出（此时公司已更名为AT&T），1919年再次退休，不到一年后离世。原文关于韦尔担任公司总裁至20世纪20年代中期的记述与实际时间有所出入。——译者注

由政府经营，运作良好，没有风险。这时想要阻止政府的收购，继续保持公司的私营性质，再怎么努力也无非是延缓一下它的到来罢了。如果只采取守势，最终也一定是自掘坟墓，因为那样会让管理层丧失想象力和动力。贝尔公司需要制定合适的政策，使得这家私营企业比任何政府机构都更能代表公众的利益。这导致韦尔做出了第一个战略性决策：贝尔公司必须把预见和满足公众的服务需求确立为公司的业务。

韦尔一上任就提出，"我们的业务是服务"。这在20世纪初简直就是异端邪说。但是，韦尔并没有满足于只宣传公司的业务就是提供服务以及管理层的责任就是交付服务并取得盈利，而是确保整个公司都把服务交付（而非利润绩效）作为标尺，用于衡量各级经理及其带领的部门。这样，各级经理对服务的结果负责，而如何开展组织和财务工作，从而把公司最好的服务转化为最好的财务回报，就成了公司高管层的职责。

韦尔几乎同时意识到，一家全国性的垄断电信企业不可能成为传统意义上的自由企业，即自主管理和不受政府干预的私营企业。他认为，公共监管是对政府所有的唯一替代方案，因此有效、诚信和严格的公共监管，不仅符合贝尔公司的利益，而且对它的存续至关重要。

在韦尔得出这个结论时，公共监管在美国虽不是无人知晓，但总体上不成气候，原因是企业界普遍反对，加上法院的强烈支持，相关的法律便几成一纸空文。公共监管委员会人手和经费不足，委员一职成为三流政客的闲差，很多人还唯利是图。

韦尔给贝尔公司制定了让公共监管制度有效运转起来的目标。他把这作为主要任务布置给下属各区电话公司负责人，责成他们激活当地的监管机构，并且革新监管和费率观念，使之公平合理，既保护公众利益，又让贝尔公司可以照常经营。由于贝尔公司的高管是从各区总裁之中产生的，这就确保了公司上下都对公共监管抱着积极的态度。

韦尔的第三个决策是建立贝尔实验室，它是工业史上最成功的科研实验室之一。同样，韦尔还是从维护贝尔公司私营垄断地位的需要出发，只不过这次提出的问题是："怎样才能让这样一家垄断企业真正有竞争力？"很显然，这指的不是同业竞争，即有另一家公司向买家提供同样的产品或者满足同样的需求，而是指在没有竞争的情况下这样一家垄断企业很快就会僵化，失去继续增长和变革的能力。

韦尔得出结论，就算是在一家垄断企业内部，也可以通过组织安排，让未来业务与当前业务展开竞争。在电信这样一个重技术的行业，未来系于研发出更好的和不同的技术。带着这个洞见出生的贝尔实验室，哪怕在美国也绝非企业界设立的第一个研究实验室，但它是首个以淘汰现有产品和技术（无论它们的利润有多丰厚，效率有多高）为明确目的的研究实验室。

贝尔实验室在第一次世界大战（简称"一战"）期间成形的时候，是企业界一个让人诧异的创新。时至今日，抱着商业思维的人很少会明白，研究要想富有成效，就必须成为"破坏者"，与今天为敌，创造不一样的明天。在大多数研究实验室，盛行的是"防御性研究"，目的是延续今天；而贝尔实验室从成立的第一天起就摒弃了这种研究。

过去10～15年通信行业的发展证明了韦尔先生的观念是多么正确。贝尔实验室先是拓展了电话技术，使得整个北美大陆全部用上自动交换机。然后，它让贝尔公司把业务拓展到了韦尔和他那一代人从未设想过的领域，例如电视节目传输，还有计算机数据传输（这是通信行业几年来发展最为迅猛的领域），以及通信卫星。这些新型传输系统的基础性科学发现和技术创新，无论信息论等科学理论，还是晶体管等新产品和新工艺，或者计算机逻辑和设计，大多发端于贝尔实验室。

最后，韦尔在他职业生涯的后期发明了大众资本市场——目的还是让贝尔公司保持私营企业的身份。

政府接管企业的主要原因，往往是企业没有获得足够多的经营资金，而不是因为政府想推行社会主义经济制度。在1860～1920年，欧洲各国的铁路公司收归政府，就是这个原因。英国的煤矿和电力公司收归国有，重要原因也是它们无法获得技术改造所需的资金。在一战结束后通胀高企的时期，欧洲大陆不少电力公司被收归国有，这也是很重要的一个原因。当时，这些电力公司不能通过提高电价抵消货币贬值的不利影响，因此无法吸引到足够多的资金去完成现代化和实现扩张。

韦尔那时是否已经洞察了这个问题的全貌无从考证，但他显然已经看到贝尔公司需要可靠而稳定地获得巨量的资金，这是当时既有的资本市场无法提供的。其他的公用事业公司，尤其是电力公司，用的办法是提高自家证券对投机者的吸引力——在20世纪20年代这些人是市场上唯一有实力的投资者。它们成立控股公司，让母公司的普通股具有投机的杠杆和吸引力，但各运营公司需要的资金主要采用债权方式从保险公司等传统渠道筹措。韦尔认为这样的融资基础并不牢固。

他为了解决这个问题而设计的美国电话电报公司（AT&T）普通股，除了法定格式之外，其他方面均不同于那些投机股票。AT&T普通股的销售对象是普通大众，即正在形成的中产阶级当中的"萨莉大婶"（Aunt Sally），她们手里有点余钱用于投资，但资金没有多到能够承担遭受损失的风险。韦尔设计的AT&T普通股的股息近似于有担保，这使得它非常类似于固定收益债券，就算是寡妇和孤儿也可以放心购买，但它又的确是普通股，有望带来资本增值和对抗通胀。

在韦尔设计这个金融工具时，"萨莉大婶"式的投资者群体还没有真正形成。那时，有钱买普通股的中产阶级才刚刚出现，而且他们大多沿袭旧例把钱存进银行，购买保险或者用于抵押贷款。甘冒更大风险的人，则进入投机性的股票市场——在20世纪20年代那根本不是他们该去的地方。当然，韦尔不是"萨莉大婶"这个群体的创造者，但他把这些人变成了投资者，动员他们把钱投向AT&T的股票，这既让他们自己获益，又让AT&T获益。他光凭这一招就让公司筹集了数千亿美元，用于支撑过去半个多世纪的投资。时至今日，AT&T的普通股仍然是美国和加拿大中产阶级投资规划的首选标的。

韦尔同样给这个股票计划提出了实施办法。股票的承销一直没有依靠华尔街，而是贝尔公司自己做。协助韦尔设计和实施这个金融体系的助手沃尔特·吉福特（Walter Gifford），后来接替韦尔担任了公司的总裁。

当然，韦尔做出的这些决策都是为了解决他自己和贝尔公司当时面临的具体问题，但背后的基本思维方式体现了什么才是真正有效的决策。

斯隆的事例也能说明这一点。[⊖]斯隆接掌通用汽车是在1922年，那时韦尔已从贝尔公司退休。后来，通用汽车在斯隆的设计和领导下，成为全球最大的制造企业。斯隆和韦尔大不一样，二人所处的时代也大不一样，但人们对斯隆记忆最深刻的决策（通用汽车的事业部制分权结构），与韦尔早先在贝尔公司做出的决策一样，都属于重大而有效的决策。

斯隆在他的回忆录《我在通用汽车的岁月》[⊜]里记述，他在1922年接掌通用汽车的时候，公司就好似一个由若干"酋长"组成的松散联盟，这些人各自为政，所带领的部门在短短几年前还都是他们自己的公司，这时还把它们当自己的公司管理。

应对这种情况，过去有两种方法。其一，在从这些强势人物手上把公司买过来之后，就把他们扫地出门，洛克菲勒建立

[⊖] 这里使用商业世界的案例，原因是只要用较短的篇幅就可以讲明白。如果引述政府政策方面的案例，大多数情况下需要对背景、历史和政治做诸多交待。另外，这些商业案例也足以用来阐述决策的结构。但是，政府、军队、医院和大学等机构的决策所体现的概念也是相通的。本章后文和下一章将阐述这些概念。
[⊜] 本书简体中文版已由机械工业出版社出版。

标准石油公司，还有摩根在斯隆接掌通用汽车数年前建立美国钢铁公司，就是这么做的。其二，让这些前企业主留任，由他们继续掌管公司，总公司只做最少的介入。人们希望通过财务安排能让这些"酋长"按照对整个公司最有利的方式行事，其实那只不过是"有股票期权调节的无政府状态"。通用汽车的创始人杜兰特，还有斯隆的前任皮埃尔·杜邦走的都是这条路线。等到斯隆任职之时，由于那些强势人物拒绝合作，通用汽车几乎已到崩溃的边缘。

斯隆意识到这不是兼并带来的因此只会短期存在的特殊问题，而是大企业的共性问题。他认为，大企业需要统一的方向和集中控制，需要真正有掌控力的高层管理，但同时日常运营也需要有活力、热情和力量，让运营者有选择行事方式的自由。他们必须承担责任，也必须拥有相应的职权。他们必须有证明自己的舞台，做出业绩之后必须得到认可。斯隆显然一眼看出，随着时间的推移，公司越来越依赖于从内部培养强有力的、可以独立取得出色绩效的管理者，这一点还会变得更加重要。

斯隆之前的所有人都认为这是人的个性问题，解决的办法是权力斗争，以某一个人的胜出而结束，斯隆却把它看成根本制度问题，解决的办法是建立一种新的组织结构，使用分权制在运营的独立自主与方向政策的集中控制之间取得平衡。

这个解决办法多么有效，做个对比就能一目了然。通用汽车只在一个方面没有取得辉煌的成果,那就是至少从20世纪30年代中期以来,对美国民众的政治喜恶以及美国政府的方向和政策的预见与理解相当糟糕。这恰恰是通用汽车唯一没有实现"分权"的领域。该公司自1935年左右起,就要求高级管理者必须是共和党保守派人士,这简直让人难以置信。

韦尔和斯隆这些个性化的决策,虽然涉及完全不同的问题,表现为非常个性化的解决方案,但它们有显著的共同点。它们都是在概念性理解的最高层面去解决问题。他们决策之前都是先弄清问题的本质,再努力提出决策的指导原则。换句话说,这些决策都具有战略性,而不是针对当时表面上的需要所做的适应性调整。它们都是创新性的,都极富争议。事实上,他们的这五个决策完全有悖于当时"人人都知道"的道理。

韦尔在第一次担任贝尔公司总裁时,曾遭董事会解聘。他提出的贝尔公司的业务就是服务这个理念,在"知道"赚钱才是公司唯一目的的那些人看来,简直是胡言乱语。他认为监管符合公司的最佳利益,更是公司存续的必要条件,在那些"知道"对监管应当全力予以抗击的人看来,是荒唐的,甚至是不道德的。不过,仅仅几年之后,也就是1900年刚过,这些人对日益高涨的电话公司国有化呼声感到恐慌起来(他们是有理由感到恐慌的),于是董事会决定把韦尔请回来。但就算是这一次,他决定在一些工艺和技术正处于盈利高峰的时候就投资去淘汰它们，并为此建立一个庞大的研究实验室，而且拒绝跟随金融潮流建立投机型资本结构——这些决策都被董事会视为荒诞不经而加以抵制。

同样，斯隆的分权制度在当时也完全不被接受，而且似乎完全违背了人人"知道"的全部知识。

亨利·福特（Henry Ford）是公认的那个时代企业领导人当中的激进派，但韦尔和斯隆的决策在福特看来一定是过于"疯狂"的。福特笃信T型车在设计出来之后，永远会是完美的车型，因此韦尔坚持有组织地自我淘汰现在的工艺和技术，在他看来一定是再愚蠢不过的了。福特还确信，只有实施最严格的集中控制，才能提高生产效率和取得经营成果，因此斯隆实行的分权在他看来就是自取灭亡的败笔。

决策过程的要素

韦尔和斯隆所做的决策，真正重要的特点不在于它们新颖，也不在于它们备受争议，而是体现在以下几个方面。

1. 认清这是一个共性问题且只有通过建立规则和原则的决策才能解决。

2. 定义解决方案需要满足的参数（specifications），即"边界条件"（boundary conditions）。

3. **先**想清楚什么是"正确的"，也就是完全满足各项参数的解决方案，再去思考让人接受决策需要做出哪些妥协、调整和让步。

4. 把落实决策所需采取的行动融进决策。

5. 建立"反馈机制"，用事情的实际发展情况检验决策的有效期和有效性。

以上就是有效决策过程的**要素**。

1. 有效决策者首先会提出的问题是："这是共性问题，还是例外情况？""它是隐藏在众多事件后面的东西，还是一个特例，个别处理就行？"共性问题，必须用规则和原则去解决；例外情况，事到临头，个别处理即可。

严格来说，问题可以分为四类，而不只是这两类。

第一类问题是真正的共性问题，个案只是它的"症状"。

> 管理者在工作中碰到的问题大多是这种性质的。例如，企业的存货决策严格来说并不是"决策"，而是一种调整。存货是一个共性问题。生产领域的问题就更是如此。
>
> 通常来说，产品控制和工程小组一个月要处理的问题可能有成百上千个，但无论什么时候去分析，其中绝大部分只是症状，也就是基础问题的表现。只在工厂一隅工作的某个工艺控制工程师或生产工程师，通常是看不到这一点的。例如，他看到的是蒸汽或热液管道的接头每个月坏几次，但只有把整个小组连续几个月碰到的情况放到一起分析，才能发现背后隐藏的共性问题，原来那是因为管道内部温度太高或压力太大，使得

现有设备不堪重负，因此需要重新设计接头，提高它的强度。不这样做，工艺控制工程师修补渗漏的时间花掉一大把，整体情况却始终得不到控制。

第二类问题，虽然对某个机构而言是特例，但本身具有共性。

某公司收到一家大的同行发来的并购意向书，如果接受，那同样的事情就不会发生第二次。这对该公司及其董事会和管理层来说是不会发生第二次的事件，但并购本身无疑是经常发生的共性问题。要决定是接受还是拒绝，该公司需要一些通用的规则来做指导。在这些规则方面，需要借鉴别人的经验。

第三类问题是真正的例外，真正的特例。

1965年11月的大停电，让从圣劳伦斯到华盛顿的美国整个东北部全都陷入黑暗。据最初的解释，那是一个真正的例外事件。20世纪60年代早期的沙利度胺导致大量新生儿畸形的悲剧也是如此。据称，这样的事情发生的概率只有一亿分之一到一千万分之一，再次发生的可能性很小，小到就跟我坐着的这把椅子突然分解成原子差不多。

然而，真正的特例很少，因此每次碰到疑似特例的事件，我们都要问："这是一个真正的例外，还是某个新的共性问题的第一次表现？"

这里说的某个新的共性问题的早期表现,就是决策会碰到的第四类问题。

我们现在很清楚,如果没有找到具有共性的解决方案,那么在现代电力技术或制药技术条件下,美国东北部大停电或者沙利度胺悲剧那样的事件,就会成为多发事故的首演。

除了真正的特例之外,所有事件都需要共性解决方案,也就是需要确立规则、政策和原则。正确的原则一旦确立,那么同一类共性问题的所有表现便可各别对待,即根据个案的具体情况按规则做出调整。至于真正的特例,则必须个别处理。对于真正的特例,是无法制定规则的。

有效决策者会花时间去判断,当前情形到底属于四种类型中的哪一类。一旦归类错误,决策也就会随之出错。

最常见的错误是把共性问题当作一连串的特例对待,也就是既无共性的理解,又未确立处理原则,便只好搞实用主义。这必然导致挫败和徒劳。

肯尼迪政府的内政外交政策大多归于失败,就清楚地揭示了这一点。他的内阁虽然人才济济,但基本上只有一件功绩,那就是成功处理了古巴导弹危机,除此之外几乎一事无成。究其主要原因,无疑是肯尼迪的内阁成员奉行他们自称的"实用主义",也就是排斥制定规则和原则,坚持"量体裁衣"处理一切事务。然而，包括内阁成员在内的所有人都清楚，该届政府制定政策所依据的基本假设，即关于战后局势的基本假设，无论在国内问题还是在国际事务上，都越来越脱离现实。

另一个同样常见的错误是把新事件当旧问题，因此认为它应该适用于旧规则。

美国纽约州与加拿大安大略省边境地区的局部停电，却触发连锁反应，最终演化成美国东北部的大停电事故，就是这样一个错误。值班的电力工程师，特别是纽约城里的那些电力工程师，尽管他们的检测设备已经发出信号，提示有不同寻常的事情发生，需要采取特殊的而不是标准的应对措施，但他们还是把它当成常规的过载问题对待。

相比之下，肯尼迪政府取得的唯一重大胜利，即处理古巴导弹事件，成功的基础就是接受了需要把一个不同寻常和例外的事件想透彻的挑战。肯尼迪有了这个认识之后，他那出众的智慧和巨大的勇气便立刻开始发挥起作用来。

还有一个差不多同样常见的错误，是对根本性问题的定义似是而非。我们来看一个事例。

二战结束后，美军发现部队留不住训练有素的医生，便开展了很多研究，提出了很多对策，但所有的研究都是从一个看似正确的假设出发，认为那是薪水太低在作怪，但实际上问题出在军队医疗体系的结构不合理。军队医疗体系看重全科医生，背离了专科化的现代医学发展趋势。军医的职业发展方向只能是从专业化到医疗管理或者医院管理，最终都会脱离研究和专科医疗。因此，那些训练有素的年轻医生觉得，自己如果继续待在军队，便只能当全科医生或者脱离临床的管理者，那是浪费时间和本领。他们要的是有机会学习高度科学化和专业化的现代医学，进而成为专科医生。

时至今日，军方仍未正视这个基本决策。军队医院可以安于做二流的医院，使用水平较差的医生（比不上在大众医疗体系中供职的同行，后者接受的是高度科学化、以研究为导向和高度专业化的训练），也可以打破常规的军队医疗体系，做出重大改变，将其建成现代化的专科医院。军队医院究竟会怎么选择？在军队接受这才是真正需要做出的决策之前，那些年轻的军医还是只要一有机会就会尽快离开。

还有一种情况是对问题的定义不完整。

这在很大程度上能够解释，为什么美国汽车业在1966年突然遭到针对车辆安全的猛烈抨击，而且整个行业茫然不知所措。这并非汽车行业不重视安全。相反，汽车行业在提高道路安全性和强化驾驶员培训方面做了大量的工作。把事故归咎于道路不安全和高危驾驶员，看似很有道理。所有关乎汽车安全的其他各方，从道路巡警到驾驶学校，也的确全都把它们列为自己的行动目标。这些行动也确实取得了一些成果。充分考虑了安全性的道路，还有接受过安全培训的驾驶员，使得事故大幅减少。然而，尽管按汽车保有量或行驶里程计算的事故率在不断下降，事故的总数及严重程度却仍在上升。

其实，人们很早就该明白，有那么一小撮驾驶员，例如醉驾者或者"有肇事倾向者"（后者人数只占驾驶员总数的5%，制造的事故却占总数的3/4左右），再怎么培训也没有用，道路修得再怎么安全他们也照样会肇事。人们很早就该明白，针对某一类数量占比很小，但无论怎样加强立法或者强化安全培训都还是很有可能发生的事故，应该采取一些措施。这意味着在提高道路安全性和强化安全培训的同时，还应该通过技术手段降低事故本身的危险程度。我们除了用技术手段提高汽车正常行驶时的安全性，还应该提高它们在非正常行驶时的安全性。然而，汽车行业没有认识到这一点。

这个事例说明了为什么一知半解的解释的危害通常大过完全错误的解释的危害。但凡牵涉安全驾驶行动的各方，包括汽车行业、公路管理局、车友俱乐部和保险公司，都认为接受一定概率的事故就是姑息甚至鼓励危险驾驶，就像我们的祖母辈所认为的，医生治疗性病就是教唆不道德的性行为。很多人会把貌似有理的东西错当道德规范，这会把不全面的假设变成危险的错误并且难以纠正。

因此，有效决策者一开始总是假设问题具有共性。

他总是假设那些纷纷攘攘的事件实际上只是"症状",于是会去寻找真正的问题,而不是满足于仅仅医治"症状"。

就算是真正的特例,经验老到的决策者也会怀疑它是不是揭示了某个深层次的新问题,怀疑这个看似独特的事件其实是某个新的共性问题的第一次表现。

这也解释了为什么有效决策者总是努力在尽可能高的概念层面上寻找解决方案。他要是碰到融资问题,不会只想解燃眉之急,于是设计一种价格最好又最容易卖的有价证券,能卖上几年就行,而是会想到在可预见的未来都需要资本市场,于是设计一种合适的有价证券去创造一类全新的投资者和开创一个尚不存在的大众资本市场。他要是必须整肃一群散漫但能干的分公司总经理,就不会使出先除掉最难管束的那个,后收买其他人的手段,而是提出一个适合大规模组织的根本性制度概念。他要是觉得所在行业必然是垄断性的,他就会另辟蹊径,有意让公司接受公共监管,把它建成私营企业和政府垄断企业之外的"第三条道路"——私营企业就像斯库拉(Scylla),不负责任,竞争无序;政府垄断企业则像卡律布狄斯(Charybdis),同样不负责任,而且实际上无法控制。

社会生活和政治生活当中有一个突出的现象:临时性事物会长期存在。例如,一战期间英国酒馆的限时售酒、法国的房屋出租管制、华盛顿的临时政府建筑,原本都是匆忙推出"临时应急几个月"的,结果50多年之后它们还在我们身边。有效决策者明白这一点。当然,他也会有应急之举,但每次都会问自己:"如果我必须伴随它生活很长时间,我还愿意吗?"如果答案是否定的,他就会继续思考,寻找更加普遍适用的、更高概念层面的、更加全面的解决方案，也就是寻找可以建立正确原则的解决方案。

这样做的结果是，有效管理者做的决策不会很多。但是，它的原因并非每个决策花的时间太长——实际上，做出一个原则性决策所需要的时间，并不会多过针对"症状"做出一个应急性决策。他是不需要做很多决策。由于他是用规则和政策解决共性问题，大多数事项都能当成规则之下的个案去解决，也就是去做出适应性调整。"法律越繁杂，律师越无能。"这句古老的法律格言，描写的是一个国家试图把每个问题都当成独特现象，而不是普遍适用的法律规则下的个案。同样，需要频繁做决策的管理者，其实既懒惰，又无效。

有效决策者还会不停地搜寻不合规则、不合预期的事件正在发生的征兆，于是会不停地问："这个解释能解释我们观察到的事件吗，全都能解释吗？"他总会写下解决方案的预期作用（比方说让车祸消失），然后定期检查实际情况是否如此。最后，他如果发现有不合规则的情况，发现有超出自己解释的现象，或者发现事情的发展（有时是很小的细节）偏离了自己的预期，就会回过头去，对问题再做深入的思考。

这些做法在本质上是西方医学之父希波克拉底在2000多年前提出的诊断方法，也是亚里士多德首先提出，后来伽利略在300多年前重申的科学研究方法。换句话说，它们是古老的、广为人知和久经检验的方法，也是人人可以学会并加以系统运用的方法。

2.决策过程的第二个要素是对决策结果必须满足的参数做出清晰的定义。决策要达到什么目的？最低目标是什么？要满足哪些条件？

用科学术语讲，它们就是"边界条件"。决策要想有效，就必须满足它的边界条件，必须足以达到目的。

边界条件定义得越准确、越清晰，决策有效和达到最初目的的可能性就越大。反之，决策无论看起来多么英明，如果边界条件的定义出现任何重大缺失，决策几乎必然是无效的。

"要解决这个问题，最起码的需要是什么？"探寻边界条件通常是这样进行的。斯隆在1922年接掌通用汽车时大概这样问过自己："拿走各分公司负责人的自主权，能满足我们的需要吗？"显然他的答案是否定的。他的决策边界条件要求分公司负责人能力强并担得起责任，而且对这一点的需要不亚于对方向统一和集中控制的需要。他的决策边界条件要求为组织结构问题找到解决方案，而不是对不同的性格进行调和，而且正因为如此，他的解决方案才得以管用多年。

恰当的边界条件不是总能轻易找到的，而且英雄所见未必总是相同。

美国东北部大停电的次日，纽约的众多报纸只有一家出刊，它就是《纽约时报》。该报把印刷安排到了哈德孙河对岸新泽西州的纽瓦克市。那里供电正常，当地报纸《纽瓦克晚报》的印刷厂产能尚有富余。然而，虽然《纽约时报》的管理层预订的印量是一百万份，但实际送到读者手中的数量还不到一半，原因（据传）是该报的执行主编在正要签字发版的时候，与他的三个助手因为一个词怎么分节产生了争议，讨论了足足48分钟才有定论（据说就是这么久），这可是原定排产印刷时间的一半。该执行主编称，《纽约时报》是美国英文书写的典范，绝不能出现语法错误。

如果传闻属实（我不保证它的真实性），不知该报的管理层怎么看待这个决策，但从执行主编的根本假设和目标出发，这个决策无疑是正确的，因为他的边界条件显然不是报纸每天卖多少份，而是捍卫《纽约时报》作为文法权威和"美国老师"的形象。

有效管理者知道，不满足边界条件的决策是无效和不适当的。其实它可能比满足了错误的边界条件的决策还要糟糕。当然，这两类决策都是错误的。但是，如果出错的是边界条件，而决策本身是适当的，那么在纠正边界条件之后，它仍然不失为有效决策。不满足决策参数的决策，除了带来麻烦，其他什么都不会有。

实际上，人们需要考虑清楚边界条件，这样就能知道决策何时应当予以放弃。我们来看两个非常著名的事例。第一个例子是边界条件变得模糊不清。第二个例子是边界条件清晰无误，因此在原来的决策遭到挫败之后，立刻可以找到合适的替换策略。

第一个例子是著名的德军史里芬计划。它是德军总参谋部在一战爆发时采用的作战计划，旨在让德军可以在东西两线同时作战，却不必将军队分散部署。为了实现该计划，德军在战争爆发之初对较弱的俄军只做象征性的抵御，把兵力全部集中起来对法军发起猛烈攻击，战胜法军之后再集中兵力对付俄军。显然，这意味着在开战之初允许俄军深入德国境内，直到德军对法作战取得决定性的胜利。然而，到了1914年8月，德军发现明显低估了俄军的推进速度，诸多财产被俄军占领的东普鲁士容克强烈要求德军提供军事保护。

史里芬本人对这个计划的边界条件自然一清二楚，但他的继任者只会机械执行，他们中没有一个真正的决策者和战略家。他们抛弃了史里芬计划的基本原则，即德军不能分散部署。他们本该放弃这个计划。相反，他们却在继续实施，但又使得它无法取得成功。他们削减了西线的兵力，削减的幅度大到无法充分发挥早先那些胜仗的作用，同时加强了东线的部署，但加强的力度又不足以击退俄军，于是造成了史里芬本想避免的局势：战局陷入胶着状态，兵力优势代替战略优势成为制胜的因素。自此以后，德军再无明确的战略，只是毫无章法地应对，用激昂的言辞鼓舞士气，期待着奇迹发生。

第二个例子是罗斯福在成为美国总统之后采取的行动，与前一个例子形成了鲜明的对比。罗斯福在整个竞选期间宣传的都是"**经济复兴**"计划。在1933年推行这样一个计划，只能以保守的金融政策和平衡的预算作为基础。可是，就在他即将宣誓就任之前的那个"银行假日"，美国经济几乎陷入崩溃，这时单从经济的角度考虑，这个计划也许仍然行得通，但显然政治环境已经不允许那样做。

于是，罗斯福立刻用政治目标代替了之前的经济目标，从复兴变为改革。这时新的决策参数要求具备政治上的推动力。

这意味着经济政策近乎自动实现大转向，从保守主义变为激进革新。换句话说，边界条件已经改变——罗斯福真是一个了不起的决策者，他几乎本能地意识到，自己要想取得任何有效性，就得彻底抛弃之前的计划。

把边界条件考虑清楚，还是从所有可能的决策当中找出最危险的那个决策之所需。所谓最危险的决策，是假如一切都不出差错才有可能奏效的决策（注意只是有可能）。这样的决策总是看似正确，但只要仔细考虑它必须满足的多项参数，就会发现不同参数在本质上互不兼容。这样的决策虽说不是全无成功的可能性，但实际上几乎不可能成功。毕竟，奇迹的麻烦之处不是它们极少发生，而在于人们不能依靠奇迹。

肯尼迪总统对1961年猪湾事件的决策就是一个很好的例子。决策的第一个参数是推翻卡斯特罗的领导，第二个参数是不要让外界看出是美军干涉古巴这个美洲共和国。第二个参数颇为荒唐，而且全世界根本不会有一个人把美国的入侵当成古巴人的自发反抗，这在现在来看不是重点，但对当时的美国决策者来说，美国非主动干涉这个名义是采取行动的必要前提，这样才能让行动具有正当性。然而，只有古巴全境同时反对卡斯特罗，从而让古巴军队彻底丧失反击能力，这两个参数才有可能相互兼容。这种情形虽然不是全无可能性，但显然不太可能发生。因此，美国只有两个选择：一是彻底放弃整个计划；

二是全力以赴支持入侵，确保成功。

与其说肯尼迪总统的错误是他自述的"听了专家的话"，还不如说他错在没有把决策必须满足的边界条件想清楚，并且拒绝直面当时的尴尬现实：决策必须满足在本质上互不兼容的两个参数。这样的决策不叫决策，而是在祈祷奇迹发生。

然而，在做任何一个重要决策的时候，不可能依据"事实"去定义参数和设定边界条件。它总是必须依据研判（interpretation）去做。它是冒着风险做出的判断。

谁都有可能做出错误的决策，而且谁都会实际做出错误的决策，但明显不能满足边界条件的决策应当避免。

3. 做决策必须从"什么是正确的？"出发，不能从"什么是可以接受的？"出发，更不能从"谁是正确的？"出发，这恰恰是因为我们最终总是要做出一些妥协。但是，为了满足决策参数和边界条件，什么才是正确的？如果不明白这一点，那就不可能分清妥协的对错，进而最终做出错误的妥协。

我是在1944年第一次接到重大咨询任务时学到这一点的。当时，我受邀去通用汽车公司研究它的组织结构和管理政策，时任公司董事长兼总裁的斯隆先生，在我开展工作之前把我叫到他的办公室，对我说道："我不会告诉你去研究什么，写什么，得出什么结论，那些都是你的事。我对你只有一个要求，那就是你认为什么是正确的，就如实写下来。不要担心我们的反应。不要担心我们是不是喜欢。最重要的是，不要去想为了让你的建议得到采纳，需要做出哪些妥协。只要有人提出必须做出妥协，我们公司没有一个管理者，是在没有你的帮助的情况下，就不知道怎样去做这个妥协的。但是，除非你先告诉他们什么是'正确的'，他们才能做出'**正确的**'妥协。"管理者在做决策时，大可把斯隆的这段话做成霓虹灯箱摆在面前，时时提醒自己。

肯尼迪总统在猪湾事件有过这样的教训，这大体上也是他两年后在古巴导弹危机中取得成功的原因。他坚决要求弄清决策必须满足哪些边界条件，这让他知道可以接受怎样的妥协（即在空中侦察结果显示已无必要做实地核查之后，放弃这个要求），什么是必须坚持的（即拆解导弹并运回苏联）。

妥协可以分为两种。第一种正如古谚所言，"半个面包好过没有面包"。第二种体现在所罗门王判决两妇争婴案的故事当中，那就是"半个婴儿坏过没有婴儿"。半个面包终归是满足决策边界条件的，因为得到面包是为了获得食物，而半个面包再怎么也还是食物。但是，半个婴儿不能满足边界条件，因为半个婴儿活不了，更不用说长大了，它不过是半具尸体而已。

担心什么可以被人接受，或者担心哪些东西最好不讲以免激起反对意见，其实只会是徒劳无益，浪费时间。人们担心的事情通常从不会发生，一些意外的反对和困难却突然成为几乎无法逾越的障碍。换句话说，决策如果是从"什么是可以被人接受的？"这个问题出发，结果只会一无所获。这是因为，在回答这个问题的过程当中，人们通常会放弃那些重要的东西，于是丧失了做出有效回答的机会，更不用说做出正确的回答了。

4. 把决策转化为行动是决策过程的第四个要素。想清楚边界条件是决策过程中最难的一步，而把决策转化为有效的行动通常是最耗时间的一步。但是，除非从一开始就把行动安排融合到决策当中，否则决策就不会有效。

事实上，除非制定了具体的实施步骤，并且落实为某人的工作任务和职责，否则决策就还没有做完。在此之前，决策都只是良好的愿望。

> 太多的政策，特别是企业的政策，都面临这个问题：发布时没做具体的行动安排。谁执行，谁负责，都不明确。无怪乎政策发布之后，员工就冷嘲热讽，甚至把它当成高层管理者在宣布不会真的去做。

把决策转化为行动需要回答几个不同的问题：这个决策，谁必须知情？哪些行动是必须采取的？谁负责行动？行动必须是什么样的，才能让负责的人**能够**施行？第一个和最后一个问题人们经常会忽略——而后果却极其严重。

> 有一个故事在运筹学领域已成传奇，它清晰地揭示了"谁必须知情？"这个问题的重要性。某个工业设备的大型制造商在几年前决定停止生产某个型号的设备，那是某机床产品线上

的标准设备，当时很多机床还在正常使用，于是该公司决定这种设备从此只向老设备的用户销售，用作备品，以三年为期，期满之后便不再生产和销售。这个型号的设备，此前订单已经连续多年下滑，而停产政策出台之后，老用户纷纷订购，以防停产后无货可买，于是订单一时剧增。然而，公司没有人提出过"谁必须对这个决策知情？"的问题，于是无人通知负责该型号设备零部件采购的人员，而他之前得到的指令是按当前销量的固定比例进行采购，在停产决策出台之后他也没有改变做法。结果，真正到了停产那一天，公司仓库里的零部件还足以再生产八到十年，最终只有核销了事，造成不小的损失。

行动还必须与执行者的能力匹配。

某化工企业几年前在两个西非国家碰到外汇管制，有一大笔钱无法撤出。为了保护资金安全，该企业决定在当地投资，投资的标准是既要对当地经济做出贡献，又不需要进口原材料，而且如果投资成功，将来管制解除后可以把在当地开设的公司卖给当地的投资者。为此，该企业开发了一种简单的化学工艺，给这两个国家盛产的一种热带水果保鲜。此前这种水果在销往西方市场的途中腐烂严重。

这项业务在两个国家都很成功，但在其中一个国家，公司负责人设计的经营管理模式，要求管理层受过良好的教育，特别是受过技术培训，而这样的人在当时的西非不可多得。在另一个国家的公司负责人则想明白了最终经营这项业务的人需要怎样的能力，于是努力把工艺和业务变得简单，而且从工人到最高管理者，一开始就全招的当地人。

几年后，这两个国家的汇兑恢复，这时开在前一个国家的公司虽然生意红火，但根本找不到买家，因为按它所需要的管理和技术能力，在当地找不到合适的人，最终只好清算了事，损失不小。开在后一个国家的那家公司，却有诸多当地企业家排队求购，于是除了收回期初的投资之外，还获利颇丰。

这两家公司的工艺和业务相同，差别只在于开在前一个国家的公司的负责人没有考虑清楚：我们可以找到什么样的人来有效执行这个决策？他们能做哪些事？就因为这个原因，这个决策最后失败了。

如果把决策转化为有效的行动还需要相关人员改变行为、习惯或者态度，这一点就尤其重要。在这种情况下，决策者不仅要确保行动的责任分配明确，而且负责人要有能力施行相应的行动。决策者还必须确保衡量手段、绩效标准和激励措施同步做出改变。否则，人们就会陷入内心的挣扎，行动乏力。

韦尔把服务确立为贝尔公司的业务之后，如果不是因为他把服务绩效确立为管理者绩效的衡量标准，这个决策就会成为一纸空文。在此之前，贝尔公司考核的是各部门的利润，或者至少是考核它们的成本。韦尔设立的新考核标准使得它们很快接受了公司的新目标。

与此形成鲜明对比的是一家美国老牌公司的董事长兼总裁。这家公司规模庞大，历史辉煌，这位管理者也曾表现出色，然而他在调整组织结构和确立新的经营目标时却失败了。其时，公司上下都认同变革很有必要，因为公司在行业内领先多年以后，的确已是疲态毕露，在几乎所有主要业务领域都面临严峻的挑战，竞争对手们成立时间不长，规模不大，但攻势凌厉。然而，这位董事长为了让新计划得到接纳，把公认的老派代言人提拔到了最引人注目和薪水最高的职位——特别是其中有三个被提拔为执行副总裁。此举向公司上下释放的信号只有一个："他们不是真的想变革。"

如果得到最大奖励的是那些行为不合新行动路线的人，那么所有人都会得出这样的结论：这种反向行为才是公司高管真正想要和准备给予奖励的。

不是人人都能像韦尔那样做决策并把执行融入决策当中，但每个人在做具体决策时都可以思考究竟需要怎样的行动方案，涉及哪些工作任务，有什么人可以去执行。

5.决策的最后一个要素是建立反馈机制，以便根据实际情况持续检验决策所隐含的各种预期是否已实现。

决策者是人，是人就难免犯错误；人再怎么努力，也不会永远正确。哪怕是最好的决策，出错的可能性也很高。哪怕是最有效的决策，也终有过时之日。

韦尔和斯隆的决策就是最好的例证。首先，尽管韦尔的各个决策大胆而富有想象力，但时至今日只有一个仍然原样适用，那就是把服务确立为贝尔公司的业务。其次，AT&T 普通股的投资属性，早已在 20 世纪 50 年代随着养老信托和共同基金等机构投资者的出现不得不做出改变——中产阶级选择这些机构投资者作为新的投资渠道。再次，贝尔实验室尽管仍旧实力超群，但科学技术的新发展，特别是航天技术和激光技术的发展，让大家相当清晰地认识到，无论哪家通信公司，规模再大都无法自给自足地满足在科学技术方面的全部需要。同时，技术的进步在过去 75 年间第一次让其他通信手段与电话形成了真正的竞争，而且在信息和数据传输等重要的通信领域，没有哪种通信方式可以取得支配性地位，更不用说像贝尔公司当年在长途电话领域那样实现垄断。最后，是政府的监管。私营电信公司仍有必要接受政府监管，但韦尔当年殚精竭虑推动的分州监管模式，在通信已经形成全国性甚至国际性网络的今天，已经越来越不合时宜。此时，在联邦政府层面施行监管已经不可避免，而且确有必要，可是联邦监管制度并不是贝尔公司提出来的，贝尔公司反倒采取了一些行动试图延缓联邦监管的到来，而韦尔当年是小心翼翼避免那样做的。

至于斯隆在通用汽车公司实行的分权制，虽然今天仍然在使用，但显然很快就得加以革新了。他当初设计的一些基本原则，几经修改，如今已是面目全非，例如曾经拥有自主经营权的汽车事业部，它们对制造和装配部门的掌控越来越少，因此无法对经营成果负全责。雪佛兰和凯迪拉克等不同品牌，也早已不再像斯隆最初设计的那样，代表着明显不同的价格区间。最重要的是，斯隆设计的是一家美国公司，虽然它不久就收购了几个外国的分支机构，但在组织和管理结构上仍然是一家美国公司。今天的通用汽车显然已是一家跨国公司，重要的增长和机会越来越多来自美国以外，特别是来自欧洲，因此它只有针对自己的跨国公司身份找到合适的管理原则和组织结构，才有可能继续生存和不断增长。斯隆在1922年做过的事，很快就得再做一次——可以预见的是，随着汽车行业进入不景气周期，时间会越来越紧迫。如果做得不那么彻底，斯隆当年的解决方案或将成为套在通用汽车脖子上的枷锁，日益妨碍它取得成功。

艾森豪威尔将军当选总统时，他的前任杜鲁门总统曾经说道："可怜的艾克，他当将军的时候，只要下一道命令，就会有人执行。如今他坐进那个大办公室，再下一道命令，什么鬼事情都不会发生。"

但是，"什么鬼事情都不会发生"的原因，并不是将军的权力大过总统，而是军事组织很久以前就已发现，大多数命令的命运就是泥牛入海，于是它们建立了反馈机制去核实命令的执行情况。它们很久以前就已发现，亲临现场调查是唯一可靠的反馈机制。㊀相比之下，

㊀ 这在很早以前的军队里是普遍的做法。古希腊历史学家修昔底德和色诺芬都认为这是理所当然的事情，在中国古代最早的军事资料中的记载也是这样的。恺撒大帝亦如此认为。

报告通常是总统唯一能够动用的东西，而报告的用处并不大。所有的军事组织在很早以前就已明白，军官在下达命令之后，必须自己去视察命令是否已经得到执行，或者至少派个副官去——军官从来不会只信受命人的报告。这样做，并不是上级不信任下级，而是经验告诉他们传讯是不可轻信的。

军队要求营长去士兵食堂体验士兵的伙食，就是这个道理。当然，他也可以坐在办公室里，叫人把菜单送来，然后命令勤务兵把这道菜或者那道菜送过来，但他不能那样做，而是得亲自去士兵食堂，从士兵灶的锅里打菜尝一尝。

随着计算机的普遍使用，这一点会变得更加重要，因为决策者极有可能更加远离实际行动的现场。除非他真正认同自己需要走出办公室，去行动现场做实地考察，否则只会越来越脱离实际。计算机只能处理抽象信息，而抽象信息只有在不停地对照具体情况之后才足以取信，否则必然对我们造成误导。

走出去亲自做调查，可能是对决策所依据的假设加以检验的最好的方法，甚至是唯一的方法。那些假设现在还成立吗，还是正在过时，需要再做审视？我们始终要明白：假设迟早会过时，现实不会长时间静止不变。

有一些做法明明已经不合时宜，却还继续存在，原因通常是决策者没有走出去亲自调查。政府政策如此，企业决策也是如此。它在很大程度上可以解释为什么斯大林的战后欧洲政策会失败，为什么美国没有根据戴高乐时代欧洲的实际情况及时调整对欧政策，为什么英国直到为时已晚才承认欧共体。

决策者获得反馈的确需要一些梳理好的信息（例如各种报告和图表），但如果不去直接了解现实情况并以此为基础建立反馈机制，也就是如果不严格要求自己走出去调查，就会沦为教条主义者，丧失有效性。

以上即为决策过程的若干要素。那么，决策本身又是怎样的呢？

第 7 章
有效的决策

THE EFFECTIVE EXECUTIVE

决策就是判断，是在不同备选方案之间做出选择。选择很少发生在对错之间，顶多是发生在"大致对"和"可能错"之间，但更多的是发生在不知道哪一条对得更多一点的两条行动路径之间。

大多数关于决策的著作都这样写："首先，找到事实。"但是，善于决策的管理者知道，决策不是从事实开始的，而是从观点（opinion）开始的。当然，观点不过是未经检验的假设，因此除非用现实加以检验，否则毫无价值。要确定什么是事实，先要确定相关性标准，特别是确定合适的衡量标准。这是有效决策的关键所在，通常也是最容易引起争议的地方。

最后，有效的决策并不像很多关于决策的文献所讲的那样，源于大家基于事实取得的共识。实际上，正确决策建立在理解的基础上，而理解是从不同观点的碰撞和冲突中来，是从对不同备选方案的认真考虑中来。

先收集事实是不可能做到的，因为除非先设好相关性标准，否则就不会有事实。事件本身不一定是事实。

> 在物理学里，物质的味道不是事实，就连颜色在不久之前也还不是事实。然而，在烹饪中，味道是至关重要的事实；在绘画中，颜色是至关重要的事实。可以看出，物理学、烹饪和绘画，对什么东西具有相关性有不同的标准，因此当作事实的东西也不相同。

有效管理者知道，人们做决策不是从搜集事实开始的，而是从自己的观点开始的。从观点开始没什么不对。人们在某个领域从业多年之后，应该有自己的观点。如果浸淫多年却未形成自己的观点，那么可以说这个人不善观察、头脑愚钝。

人们不可避免地会从自己的观点出发，就连要求他们先搜集事实也不会有好的结果，因为所有人都极其容易落入一个行为习惯：搜集那些符合自己既定结论的事实。人们只要执着地寻找自己想要的事实，就从来不会失败。统计高手明了这一点，因此总是对数字存疑——不管是不是认识提供数字的那个人，他都会保持怀疑。

唯一严谨的方法，也就是唯一能让我们用现实对观点做出检验的方法，是明确承认人总是从观点出发的——而且本该如此。这样，没有人会不明白，大家都是从未经检验的假设开始的。不管是做决策，还是搞科研，这都是唯一的出发点。我们知道该怎样对待假设——不会为之争辩，而是予以检验，也就是去验证哪些假设站得住脚，因此是值得认真加以考虑的，而哪些假设是仅凭可靠经验就可以立刻推翻的。

有效管理者鼓励大家提出观点，但也会坚定地要求提出观点的人把"试验"必须证明的东西想清楚。这里所说的试验，就是用现实对观点进行检验。因此，有效管理者会问："要检验假设的正确性，我们必须知道哪些东西？""事实必须是怎样的，才能让这个观点站得住脚？"他还会要求自己和同事养成习惯，把需要观察、研究和检验的东西想清楚，讲清楚。他会坚持让提出观点的人负责定义好预期的和应该搜集的事实性证据。

这时应当提出的关键问题是："相关性标准是什么？"在很多情况下，这就关系到用什么去衡量当前讨论的问题和将要做出的决策才是合适的。人们如果去分析那些真正有效和真正正确的决策是怎样做出来的，就会发现决策者在寻找合适的衡量标准上面下了很大功夫。

当然，韦尔把服务确立为贝尔公司的业务这个决策之所以如此有效，就正是这个原因。

有效决策者认为，旧的衡量标准是不正确的，否则现在根本不需要做决策，只要略加调整就行。旧的衡量标准反映的是昨天的决策，既然如今需要做出新的决策，通常说明旧的衡量标准已经丧失相关性。

美军的采购和仓储政策糟糕，从朝鲜战争开始时就已广为人知。军方做过无数的研究，但事态变得越来越坏，而不是越来越好。罗伯特·麦克纳马拉被肯尼迪总统任命为国防部长之后，就对军队仓储使用的衡量标准提出了质疑。当时的做法是对所有物品的数量和金额进行衡量，麦克纳马拉决定做出改变，选择只关注很少的品种，它们的数量只是之前的4%左右，但金额超过采购总额的90%。同样，他还选择只关注少数战备必需品，它们的数量同样只占全部物资的4%左右，但足以满足90%的战备需要。由于有部分物资重叠，因此这两个清单合起来，关键物资的数量和金额都只占总数的5%～6%。[一]麦克纳马拉要求对这些物资实行单独管理，关注

[一] 疑原文有误。

每一个细节,而对另外95%的物资实行例外管理,也就是根据概率和平均值进行管理。这个新的衡量标准立刻提高了美军采购、仓储和物流决策的有效性。

找到正确衡量标准的最好办法,同样是前文讨论过的走出去,通过调查获得"反馈";只不过这里的"反馈"是在做出决策之前获得的。

人事管理经常用"平均值"做衡量指标,例如每百人平均停工事故数量、全员平均旷工率、每百人平均病假率等,但只要管理者真正走出去,亲自做调查,很快就会发现有必要更换衡量标准。平均数可以满足保险公司的需要,但对人事决策毫无意义,甚至还会让人误入歧途。

工厂事故绝大部分发生在一两个地方,旷工主要发生在某一个部门,就连病假也经常不是平均分布的,而是集中在很少一部分人,例如未婚女青年身上。根据平均值采取的人事举措,例如常见的全厂安全生产行动,非但不能取得预期的效果,反而会让事情变得更加糟糕。

同样,汽车行业当时没有及时认识到需要加强安全工程方面的努力,一个重要原因就是没有走出去做调查。汽车制造商只是沿用过去的衡量标准,关注按行驶里程或车辆数量计算的事故率。如果他们走出去做调查,就应该能发现还有必要衡量事故造成的人身伤害的严重程度,于是除了已有的安全行动之外，还会采取一些降低事故危害程度的措施，也就是改进汽车的设计。

因此，找到正确的衡量标准不是数学演算，而是冒着风险做判断。

凡是做判断，都必须从多个备选方案当中做出选择。如果只能说"是"或"否"，那就算不上做判断。只有考虑过多个备选方案，才有可能发现真正的风险有哪些。

有效管理者因此会坚持考虑多种衡量标准，以便从中选出最合适的。

编写资本投资方案可以使用的衡量标准有多种，重点关注的可以是投资回收周期，可以是投资回报率，可以是投资回报的现值。无论会计部门怎么信誓旦旦地说这些传统标准当中只有某一个"最科学"，有效管理者都不会满足于只用这一个。他单凭经验也知道，每一项分析都会反映决策的某一个方面，因此在一一考察之前，是不可能知道哪一种分析方法和衡量标准是适合眼前这个投资决策的。不管这让会计部门有多么恼火，他还是会坚持三项分析全都做，以便最后可以说："这个衡量标准是适合这个决策的。"

如果没有考虑过多个备选方案，那么决策者的思路一定是封闭的。

这能最有力地解释，为什么有效决策者会有意忽视决策教科书里讲的第二条重要法则，不去努力推动取得共识，而是有意制造分歧和异见。

管理者必须做出的那些决策，靠鼓掌欢呼是做不好的，只有通过不同视角的碰撞、不同观点的对话、对不同判断的选择，才会做得好。至此，我们得出决策的第一条法则：无不同意见，就不做决策。

据称斯隆在一次高级别委员会议上这样讲："诸位，我的理解是，对于这个决策，大家全都完全同意了。"会议桌旁坐着的所有人都点头表示赞同。"那么，"斯隆接着说，"我提议推迟讨论这件事情，下次开会再继续讨论，让我们有时间找出一些不同的看法，也让大家对这个决策到底是怎么回事有些了解。"

斯隆根本不是"直觉型"决策者。他总是强调必须用事实检验观点，并要杜绝从结论出发去寻找用以做支撑的事实。但他明白，要做出正确的决策，需要有足够多的不同意见。

美国历史上那些有效的总统，例如林肯、西奥多·罗斯福、富兰克林·罗斯福、哈里·杜鲁门，为了做出有效的决策，各有自己激发不同意见的方法。但是，他们制造不同意见的目的，都是为了"对这个决策到底是怎么回事有些了解"。华盛顿总统是出了名地憎恶冲突和争吵，因此希望有个和谐的内阁，但碰到重要的事情他还是会询问汉密尔顿和杰斐逊二人的看法，以此确保获得必要的不同意见。

决策需要有组织地制造不同意见，最深谙此道的可能当数富兰克林·罗斯福。每次遇到重大事项，他都会挑一个助手，对这个人说："我想要你去做这件事，但是要保密。"（罗斯福非常清楚，这必定会让华盛顿立刻人人皆知。）然后，他会另外找几个人（大家都知道这些人与前面那个人意见不同），给他们安排同样的任务，同样要求"严格保密"。他知道，这样做的结果是每一件事的每一个重点都会得到深入的思考，并向他报告，这样便有把握不至于被某个人的成见所束缚。

罗斯福的这种做法遭到了他的内阁成员哈罗德·伊克斯（Harold Ickes）的严厉批评。伊克斯作为内政部长，是罗斯福的内阁成员当中唯一的"专业管理者"，他称罗斯福那样做是恶劣的行政管理，并在日记里长篇大论地批评罗斯福"懒散""轻率"和"背信弃义"。但是，罗斯福知道自己身为美国总统，主要任务不是行政管理，而是制定政策，做出正确的决策，而最好的方法是使用"对抗式诉讼"——双方律师在辩论中用这种方法去探求事实，确保涉案的所有相关情况全都向法庭展示。

决策者坚持让大家提出不同意见的主要原因有三个。

第一，它是决策者避免成为组织囚徒的唯一保障。每个人总是对决策者有所求。每个人都是特别辩护人，想得到自己想要的决断——通常认为这是天经地义的。不管决策者是美国总统，还是负责修改设计方案的最年轻的工程师，概莫能外。

要想避免成为特殊诉求和成见的囚徒，唯一的办法就是存在不同意见，经过充分讨论的、有根有据的、深入思考过的不同意见。

第二，不同意见本身就可以为决策提供备选方案。没有制定备选方案的决策，思考得再深入，也好比赌徒的孤注一掷。这种决策出错的可能性总是很高——可能是一开始就错了，或者形势变化导致它不再适宜。如果在决策过程中对备选方案有过深思熟虑，一旦发生偏差还有可仰仗之物，即经过深入思考、做过研究、得到理解的东西。没有这样一个备选方案，如果事实证明决策行不通，剩下的便只有苦苦挣扎。

前一章写过的德军1914年的史里芬计划，还有美国富兰克林·罗斯福总统的初始经济计划，都是在原先预期会奏效的关键时刻被各种事件打乱的。

德军再也没有醒悟过来并提出新的作战计划，只是一再地胡乱应对。这是必然结局。在25年间，德国总参谋部从未考虑过史里芬计划有什么备选方案，所有的精力都花在怎么落实这个总体计划上面，于是等到总体计划落空之时，便无备选方案可用。

德军将领虽然接受过诸多关于战略计划的训练，但也只能走一步看一步，忽而向东，忽而向西，却全然不知为何而动。

1914年发生的另一个事件也证明了没有备选方案有多危险。俄国沙皇在战争动员令发出之后改变了主意，于是召见参谋长，要求他停止战争动员，不料这位将军回答沙皇说："陛下，已无可能。动员令既已发出，便无撤销的计划。"我虽然不认为，假如俄国在最后关头刹住了它的战车，一战就一定能避免，但至少它会给各国最后一次恢复理智的机会。

罗斯福总统的故事就恰恰相反。他在竞选全程宣传的都是正统的经济政策，不过他还组织了一批有识之士（后来有人称之为"智囊团"）研究备选方案，也就是以"进步主义"的各种提议为基础提出激进的政策，旨在进行大刀阔斧的经济和社会改革。银行体系崩塌之后，再推行正统的经济政策显然无异于政治自杀，好在这时的罗斯福已经有了备选方案，于是适时推出了相应的政策。

同样，在没有事先准备好备选方案的时候，罗斯福总统也会跟德军总参谋部和俄国沙皇一样茫然失措。他在就任之初，在国际经济领域奉行的是19世纪的传统理论，但就在他当选的1932年11月到次年3月宣誓就任的这段时间中，国际经济形势急转直下，一如之前的美国国内经济之变，罗斯福对此虽有明察，但因没有做好备选方案，只能毫无章法地应对。就算罗斯福这么精明强干的人，面对突如其来的迷雾，也只能四处乱闯，从一个极端突然走向另一个极端，例如他拒绝承诺采取措施稳定货币，让1933年的伦敦经济会议无果而终，又如接受经济领域中的那些江湖郎中开出的秘方，一会儿说要让美元贬值，一会儿又说要恢复银本位，但其实这两个措施都跟实际问题完全无关。

一个更加明显的例子是1936年的罗斯福。他在选举大获全胜之后，提出最高法院"填塞"计划。他本以为国会尽在自己掌控之下，却不料这个计划在国会遭到强烈反对，可他又没有备选方案。结果，他不仅丧失了改革法院的机会，而且失去了对国内政治局势的掌控——尽管拥有压倒性的民众支持率和显著多数的众议院席位。

第三，最重要的是，想象力需要用不同意见去激发。诚然，解决问题不一定需要想象力，就像数学题可以按公式求解。但是，管理者面对各种具有高度不确定性的事情，无论在政治、经济、社会还是军事领域，都需要用"创造性"的解决方案去开创全新的局面。这就意味着需要想象力，也就是不同于过往的、全新的感知和理解方式。

我得承认一流的想象力不可多得，但也不像很多人想的那么稀缺，只不过想象力很难自动显现出来，而是需要有人去激发和唤起。不同意见，特别是在提出来的时候被强制要求合乎逻辑、经过深思熟虑且有根有据的不同意见，是激发想象力的最有效的方式。

童话里的"矮胖子"在早餐前就可以想出一大堆原本不存在的东西，但现实中这样的人很少。像这个角色的创作者，也就是《爱丽丝梦游仙境》的作者刘易斯·卡罗尔（Lewis Carroll）那样富有想象力的人，那就更少了。但是，就算是很小的孩子，也有读懂他的这个童话故事的想象力。心理学家杰罗姆·布鲁纳（Jerome S. Bruner）指出，就连八岁的孩子也能瞬间明白"4×6等于6×4，但'blind Venetian'跟

'Venetian blind'不一样"。[1]这是高级别的想象力视觉。可是，太多的成年人的决策却建立在"blind Venetian"与"Venetian blind"必然完全相同的假设之上。

还有一个很老的故事，说的是在维多利亚时代有人从南太平洋某个海岛去西方[2]游历，他回来之后对其他人说，西方人的房子里没有水。这是因为，他们自己岛上是用掏空的圆木引水，所以看得见，而西方的城市用管道引水，只有打开龙头才会出水，而这人去游览时没有人跟他解释过。

我每次听到这个故事，都会想到想象力，它就像龙头里的水，龙头不拧开，水就不会流出来，而这个龙头就是有章有法地提出不同意见。

因此，有效决策者会充分运用不同意见，这可以防止他被那些似是而非但实际上虚假或者不全面的东西所蒙蔽。有了不同意见，他不仅可以得到备选方案，通过选择做出决策，而且在决策执行过程中如果发现决策不够有力甚至有错，不至于茫然失措。不同意见还能激发想象力，包括他自己的和同事们的想象力。所以，不同意见有助于把似是而非的东西变成正确的理解，再把正确的理解变成良好的决策。

有效决策者不会预设大家提出的行动路径只有一条是对的，其他的都是错的。他也不会预设"我是对的，他是错的"。他预设的是一

---

[1] 引自布鲁纳关于认知的著作 *Toward a Theory of Instruction*（Cambridge, Harvard, 1966），第64页。"blind Venetian"意为"威尼斯盲人"，"Venetian blind"意为"软百页窗帘"。

[2] 这里的西方应是指澳大利亚。——译者注

定要弄清人们为什么会有不同意见。

有效管理者当然也知道，人世间总有傻人和坏人，但他们不会因为有人不同意自己所认为的浅显易懂的东西，就认为那个人非傻即坏。他们清楚，除非已经得到证明，否则就应该认为持不同意见的人是聪明的，是没有坏心眼儿的。所以，他们必须采取这样的态度：这个人之所以得出这样一个明显错误的结论，是因为看到了不同的现实，关心的是不同的问题。所以，有效决策者总是会问："这个人要看到哪些东西，他的立场才是站得住脚的、理性的、明智的？"也就是说，他首先关心的是**理解**对方，然后才去想谁对谁错。㊀

好的律师事务所训练刚从法学院毕业的新人，会安排他们先站在对方律师的立场上写辩护词，因为对方律师一定会维护其委托人的利益。知彼才能更好地知己。这样的训练对年轻的律师很是适合，这会让他不是想着"我写的辩护词是对的"，而是先想清楚对方必然知道哪些东西或者认为哪些是有利的证据。这会让他把两份辩护词看成可以彼此替代的方案。只有这样，他才有可能真正理解自己的辩护词。也只有这样，他才能在法庭上证明自己这个方案是优于对方的。

无论是不是管理者，这样做的人都不是很多。大多数人一开始就

㊀ 这自然不是什么新发现，只不过是阐述了玛丽·帕克·福列特（Mary Parker Follet）的观点，而她的观点只不过又是对柏拉图在关于修辞的著名对话《斐德罗篇》所提观点的扩展。福列特的观点见其著作 *Dynamic Administration*（Henry C. Metcalf 和 L. Urwick 编纂，Harper & Row 出版社，1942 年）。

抱定一个念头：自己的想法才是唯一正确的。

美国钢铁业的管理者从来不问："为什么每次我们提到'限产超雇'（featherbedding）这个词，工会那些人就会那样气急败坏？"反之，工会领袖也从来不问自己，为什么每次提出的事情本来无足轻重，也无关限产超雇，可钢铁公司的管理者的反应会那么激烈。双方都竭力证明对方是错的。如果双方都尝试理解对方的观点及其原因，那么双方的日子都会比实际的好很多，美国钢铁行业，甚至是各行各业的工会关系都会好很多，健康很多。

无论管理者的情绪是多么高涨，也不管他是多么确信对方完全错误或毫无道理，只要他想做出正确的决策，就会迫使自己把反对意见视为**自己的**认真思考备选方案的手段。针对重大事项，他把观点冲突当成一个有力的工具，用以确保各个重要的方面都得到深入的思考。

有效的决策者最后还会问一个问题："的确有必要做决策吗？"什么也不做本身也是**一个备选方案**。

每个决策都像是一个手术，都是对某个体系的干预，都会对这个体系产生冲击。管理者不做不必要的决策，就像医生不做不必要的手术。虽然决策者跟医生一样，不同的人风格各异，有人激进，有人保守，但总体上会共同遵守一些规则。

如果不做决策事态就会恶化，那就必须做出决策。这个规则也适用于抓机会。如果机会很重要，而且稍纵即逝，那就必须立刻行动——并且做出重大改变。

在西奥多·韦尔担任贝尔公司总裁时，很多人都同他一样看到了政府接管的危险，觉得那如同一种退行性疾病，但那些人的抗击方法针对的却是症状：反对这个或者那个法案，反对这个候选人或者支持那个候选人，等等。只有韦尔一个人明白，这不是抗击退行性疾病的有效方法，因为就算每一场战斗都打赢，也不可能赢得整场战争。他认为，需要用激烈的举措去开创全新的局面。只有韦尔一个人明白，私营企业必须把公共监管变成国有化的有效替代方案。

另外有一种截然相反的情况，那就是哪怕什么都不做，出现的问题也会自然消失（决策者要排除过于乐观的估计）。"假如我们什么也不做，会发生什么事情？"答案如果是"它自己会解决的"，那就不要干预。如果情况虽然让人厌烦，但它无关紧要或者不太可能造成什么后果，那也不要干预。

懂得这一点的管理者极少。力图通过削减成本度过严重财务危机的管理者，很少会放过那些细枝末节的开支，哪怕砍掉它们其实于事无补。例如，他可能清楚成本真正失控，销售和物资调运占了大头，于是非常勤勉地工作，出色地控制住这两个部门的成本，但随后发生的事情却可能让他自己和整个成本控制行动蒙羞：他对一个总体上高效和管理有方的工厂兴师问罪，因为该工厂聘用了两三个"不必要"的老员工。有人劝他说，这些人反正没两年就要退休了，而且也没几个人，就算解聘也不会节约多少成本，他却听不进去，认为那是一种不道德的做法。他可能这样回答："其他人都在做出牺牲，这个工厂里的人凭什么可以效率这么低？"

财务危机结束之后，大家很快就会忘记是他拯救了公司，却一直记着他要求解雇那两三个老员工——人们这样做是有道理的。"**裁判官不判琐事。**"差不多 2000 年前的罗马法律就这样写道，但如今的很多决策者还没有学会这一点。

绝大部分决策介于这二者之间，也就是问题既不会自然消失，但也不太可能发展成退行性恶疾。决策的机会仅在于获得改善，而不是实现重大变革和创新，但改善的空间还是相当可观的。换句话说，如果不采取行动，生存完全不会有问题，但如果采取行动，状况可能会变好。

在这种情况下，有效决策者是对采取行动的代价和风险与不采取行动的风险进行比较。怎样才能做出正确的决策虽无公式可用，但只要遵守以下两条规则就会很少碰到困难：

- 如果收益远大于成本和风险，那就行动
- 不管是行动还是不行动，不要"骑墙"或者妥协

只切除半个扁桃体或者半截盲肠的手术，患者感染和休克的风险

跟全切手术一样大,而且半切手术非但不能治好病,反而会让病情恶化,因此医生只有做或者不做手术这两种选择。同样,有效决策者也只有采取或者不采取行动这两种选择,而不会只做一半。只做一半必然是错误的,必然满足不了最低参数,达不到最低边界条件的要求。

现在到了真正做决策的时候。决策参数经过深思熟虑,备选方案已做充分探究,风险收益也已评估完毕,一切都已知晓,该采取哪个行动方案这时其实已经相当清晰。到这个时候,决策的确是近乎"水到渠成"。

然而,大多数决策就是在这个时点上出了差错。这个时候,情况昭然若揭:决策会让人左右为难,做不到皆大欢喜,还很难一帆风顺。显然,决策不仅需要判断,而且需要勇气。药并不必然苦口,但良药往往苦口。同样,决策并不必然让人不快,但有效的决策往往让人不快。

这时有效决策者还有一件事情是不会做的,那就是向"我们再研究研究"的呼声屈服。那是懦夫的行为——懦夫死千次,勇者死一回。如果有人提出"再研究研究",有效管理者会问:"有什么理由相信,再做一次研究就会有新的发现?有什么理由相信,新的研究成果就会有相关性?"如果答案是否定的(通常是否定的),有效管理者就不会允许再做研究。他不会浪费优秀人员的时间,用于掩盖自己的优柔寡断。

当然,除非已经确信有了充分理解,否则管理者不会仓促决定。就像任何经验丰富的成年人,他学会了倾听希腊哲人苏格拉底所说的

"守护神",也就是潜藏在内心深处,不断提醒"要小心"的那个声音。只要事情是正确的,那么艰难、不为人喜或令人恐惧,都不是不去做的理由。但是,如果觉得内心不安却不知原因,那就要停下来再想一想,哪怕只是短暂地停一停。"每次发现事情有点失焦,我都会停下来。"我认识的一位最出色的决策者这样说道。

内心不安,可能十次有九次是担心一些鸡毛蒜皮的小事,但到了第十次突然发现忽略了最重要的事实,犯了低级错误或者出现彻底误判。这一次,可能是在半夜里豁然开朗,就像福尔摩斯在侦探小说里写的,"最重要的是巴斯克维尔的猎犬没有叫"。

但是,有效决策者不会等待太久——可能是几天,顶多几周。如果时间已过,"守护神"还是没有出声,那就不管自己是不是喜欢,都会快速有力地采取行动。

管理者获得报酬,不是要去做他们自己喜欢的事,而是要去做好那些正确的事——其中最重要的是在他们特有的任务当中,也就是在做出有效决策当中做好正确的事。

决策与计算机

现在有了计算机,前面讲的这些东西还适用吗?有人说,计算机会替代决策者,至少是替代中层管理者;要不了几年,计算机就能做出所有的运营决策,而且要不了多久,它还会接管战略决策。

实际上,计算机会迫使管理者做出真正的决策,他们今天所做的"决策"大多不过是现场的适应性调整。计算机会把许多人变成真正的管理者和决策者，这些人过去只是被动做出反应，而不是主动采取行动。

计算机是管理者可以利用的有力工具。就像锤子和钳子（但不像轮子和锯子），人做不了的事情，计算机也做不了，但有一件事它做起来速度比人类快很多——那就是加减运算。而且作为一个工具，它不会厌烦，不知疲倦，不要加班费。像所有在某个方面胜过人类的工具那样，计算机可以放大人的能力（其他工具，例如轮子、飞机和电视机等，可以做人类做不了的事，它们给人类增加了一个新维度，即拓展了人类的天性）。但是，计算机像所有的工具一样，只能做一两件事，有严格的局限性。正是由于计算机的这种局限性，它会迫使我们把现在基本当作**临时的**适应性调整的事情，当成真正的决策去做。

计算机的优势在于它是一架逻辑运算机器。它严格按照设计好的程序运行，所以又快又准，但这又让它像一个十足的白痴，因为逻辑在本质上是无法变通的。因此，计算机做的是那些简单和浅显的事情。相比之下，人不是逻辑的，而是感知的。这意味着人又慢又粗心，但又聪明又有洞察力。人会做出适应，也就是能用很少的信息，甚至在毫无信息的情况下，去推测全貌。人还可以记住大量尚未编程的东西。

传统的管理者所做的大多只是现场的适应性调整，一个很好的例子是原料的存储和运输。典型的区域销售经理明白（虽然不是那么精确），客户 A 的计划通常很紧，如果不按时送货，工厂就会停产；客户 B 的库存通常足以撑上几天，送货迟几天也没有问题；客户 C 已经对公司很有意见，正在找借口把订单给另一家供应商。他也清楚，某个物料要想多弄到一点货，就得请自己公司的这个人或那个人帮忙。典型的区域销售经理就是靠着这些经验，根据实际情况适时做出调整。

计算机对这些东西一无所知，至少如果没有人明确告诉它，公司在产品 A 上针对客户 B 的政策是什么，它是不知道这些东西的。它只能根据指令和程序做出反应，所做的"决策"不会超过计算尺或者收银机。它能做的也就是计算。

企业一旦想用计算机做库存控制，就会意识到需要制定规则，也就是制定库存**政策**。只要触及这一点，企业就会发现关于库存的基本决策根本就不是库存决策，而是高风险的商业决策。库存的作用是平衡各种风险：交付与服务不能满足客户期望的风险，生产计划震荡和间断带来的风险和成本，囤积的商品发生损毁、过时或者变质带来的风险和成本。

"我们的目标是对 90% 的客户实现 90% 的交货准时率。"这种老套的说辞对使用计算机做库存控制没有多大帮助。这听起来很精确，但到了转化为一步一步的固定逻辑的时候，实际上毫无意义。是所有客户的每 10 个订单有 9 个准时交付？还是特别好的客户的全部订单全部按时交付——"特别好的客户"又怎样定义？是所有产品都以这个准时率为目标，还是只针对少数几个产量最大的产品？另外还有一些产品，品种众多，产量虽然不大，但对客户来说至关重要，针对这些产品又实行怎样的政策?

回答其中每一个问题都需要做出冒风险的决策,特别是需要做出一个原则性的决策。在所有这些决策全都确定之前,是无法用计算机开展库存控制的。这些决策又全都关乎不确定性——相关因素的定义甚至都无法清晰到足以传送给计算机。

因此,要想让计算机(或任何其他类似的工具)达到足以保持运行平稳或者能做出预先设定的反应(针对预期之中的事情,例如发现敌方的核导弹出现在遥远的地平线,或者发现炼油厂的原油含有异常硫化物),决策就必须有预见性并经过深思熟虑,不能再临时急就,不能再在连续微调中摸索,不能每次做的都是特殊的、大致的、物理学家所说的"虚拟"的决策,而不是真正的决策。这必须是一个关于**原则**的决策。

计算机不是造成这种情况的原因。它只是一个工具,不会成为任何事物的原因。它只是把一直在发生的事情清晰地揭示出来。从微调到原则性决策的转变由来已久,在二战期间及战后的军事领域尤其明显。正是因为二战的军事行动规模已然庞大,相互依赖度高,例如要求后勤系统能够覆盖整个战区和军队各部,所以中层指挥官越来越有必要明了行动所要服从的整体战略决策,越来越有必要做出真正的决策,而不是根据局部的情况对命令做微调。二战名将隆美尔、布拉德利、朱可夫等位居战区司令官以下的将军,其实都是经过透彻思考做出真正决策的"中层管理者",而不是早期战争中那些只知猛打猛冲的骑兵将领。

这样,决策不能再只交给少数几名高层管理者。在组织中几乎每个知识工作者都必须成为决策者,或者至少有能力在决策过程中发挥积极、明智和自主的作用。过去,决策是一个高度专业化的职能,由一个人数不多且通常设为专职的部门完成(其他人在惯例的框框内加以微调和沿用)。如今,在大规模的知识型组织这种新型社会机构里,决策正在迅速变成一种常规的行为,甚至成为每个部门的一项日常任务。做出有效决策的能力,日益决定着每个知识工作者(至少是承担贡献责任的那些知识工作者)取得基本有效性的能力。

新技术导致的从调整向决策的转变,在著名的计划评审技术(PERT)上面得到了很好的体现。PERT适合于像太空飞船开发和建设那样高度复杂的计划,目的在于勾勒出计划的关键任务的路线图,也就是通过提前规划每一部分工作及其先后顺序和截止日期,以此控制进度,确保整个计划准时完成。它会显著减少临时性的调整,代之以冒着风险的决策。人们刚开始做PERT计划的时候,前几次几乎每一个判断都会出错,因为他们还在试图用临时调整的方式,去做那些只有通过冒着风险系统地做出决策才能完成的事。

计算机对战略决策也有这样的影响。当然,它做不了战略决策。

它能做的只是根据针对不确定的未来所做的某些假设，算出会有什么样的结果，或者反过来，算出某些行动计划后面有哪些假设——就连这些目前也没有真正实现，还只是表现出这个潜力。也就是说，计算机能做的就只是计算。因此，计算机要求先有清晰的分析，特别是要对决策必须满足的边界条件做出清晰的分析。这就需要在较高的层面上做出有风险的判断。

计算机对决策还有其他的意义。例如，只要使用得当，它就应当可以减轻高管处理某些内部事务的负担——他们在这些事情上面备受可靠信息匮乏或者延迟之苦。这会让高管更加容易亲自去接触和观察外部，那里才是唯一体现组织成果的地方。

计算机还有可能帮助人们改正决策过程中的一个典型错误。过去人们经常错把共性问题当成一连串特例，针对症状开药方。然而，计算机只能处理共性问题——这正是逻辑要做的事。因此，我们将来可能会走向反面，错误地对待例外和特例，把它们当成共性问题的"症状"。

有人抱怨计算机正在取代军人经过证实和检验的判断，这就体现了前述趋势。对此我们不应轻忽，认为那只是高级军官们的牢骚。实际上对军事决策标准化的最让人信服的批评，来自"管理科学家"索利·朱克曼爵士（Sir Solly Zuckerman）。他是英国杰出的生物学家，并非军方人士，但曾经担任英国国防部的科学顾问，在英国军队开展计算机分析和运筹学研究方面起过领导性的作用。

计算机的最大影响来自它的局限性，这会迫使我们越来越多地去做决策，特别是迫使中层经理从运营人员变成真正的管理者和决策者。

这种变化本该早就发生。例如企业当中的通用汽车和军事组织当中的德军总参谋部，它们的一大优势正是早就把运营事件当成真正的决策对待。

运营经理们越早学会把决策当成真正关于风险和不确定性的判断，我们就能越早克服大型组织的一个基本弱点——高层在升任之前没有受过决策方面的任何训练和检验。无论在政府、军队还是企业，只要在运营层面是以调整处事而不是以思考处事，是以"感觉"处事而不是以知识和分析处事，那么运营人员在成为高层管理者并首次面临战略决策的时候，就还是未经训练、未经考验和未经检验的。

计算机当然无法把办事员变成决策者，一如计算尺无法把中学生变成数学家，但它会迫使我们早早地对办事员和潜在的决策者做出区分，并且允许（可能更像是迫使）后者学会有目的地做出有效的决策，因为如果没人去做这件事，并且做得很好，那么计算机就无法进行计算。

计算机的出现激发了人们对决策的兴趣，这的确有充分的理由。但是，这个理由不是计算机会"接管"决策，而是有了计算机接管计算之后，组织内各个层级的人必须学会成为决策者并做出有效的决策。

第 8 章
结语：有效是必须学会的

THE EFFECTIVE EXECUTIVE

本书有两个假设：

1. 有效是管理者应尽的职责。

2. 有效是可以学会的。

管理者因为有效而获得报酬。他有义务为组织提供有效性。那么，人们必须学什么，必须做什么，才能不枉为管理者？本书在回答这个问题时，总体上仅将组织绩效和管理者绩效作为两大目标。

有效可以学会，这是第二个假设。因此，本书以一定的顺序介绍管理者绩效的不同维度，旨在激发读者自己学习怎样成为有效管理者。当然，本书不是教科书，因为有效虽然可以学习，但无法教授。毕竟，它不是一门"课程"，而是一种自我修炼。贯穿全书并且隐含在章节结构和主题阐述方式当中的，是"在组织中以及在管理者日常工作的任何一个重要领域，什么是有助于有效性的？"这个问题。"为什么需要有效性？"这个问题，则只是偶尔提起。也就是说，这里把有效性当成了一个理所当然的目标。

回顾各章的观点和主旨以及各章的发现，可以看到管理者有效性的另一个截然不同的方面，那就是有效性对个人的自我发展、对组织的发展以及对现代社会的运行和生存能力显然都至关重要。

1. 提高有效性的第一步是**记录时间用在何处**。这是一项程序性活动，有点机械，管理者不必亲自动手，交给秘书或者助理反而更好。但是，管理者哪怕只做了这一件事，也会大有进步，而且收效之快，几乎立竿见影。坚持记录，它会推动管理者开展更多可以提高有效性的活动。

分析时间的使用情况，砍掉浪费时间的活动，则需要采取一些行动。这需要管理者做出一些初步的决策，需要管理者改变自己的行为、关系和关切。它需要管理者思考不同用途的时间、不同活动及其目标的相对重要性。它应该会影响到大量工作的水平和质量。然而，这还是比较容易做好的，只要对照清单每隔几个月做一次回顾，也就是按表格行事就行。它还只是关系到时间这种稀缺资源的使用效率。

2. 第二步是管理者**把关注点聚焦于贡献**。这就要从程序性工作转向概念性工作，从具体细节转向分析，从提高效率转向关心成果。在这一步，管理者要约束自己想清楚组织为何雇用自己，因此自己应当做出什么贡献。这也不是很复杂。管理者就贡献一事要回答的问题，仍然是直观而又比较概要性的。但是，问题的答案应当让管理者对自己提出高要求，思考自己和组织的目标，以及关注价值。它们应当让管理者树立高标准。特别是，这些问题要求管理者承担责任，而不是甘做听命于人的下属，只要"让上司高兴"就感到心满意足。也就是说，管理者在专注于贡献的时候，必须把目的和结果都考虑清楚，而不只是思考手段。

3. **让长处富有成效**从根本上讲是以行为表达出来的态度。它从根本上讲是对人，包括对自己和对他人的尊重。它是价值体系的体现。但是，它同样是"在干中学"和通过练习实现自我发展。管理者让长处富有成效，就能把个人目的和组织需要、个人能力和组织成果、个人成就与组织机会结合在一起。

4. 第 5 章**"要事优先"**是对第 2 章"认识你的时间"的呼应。这两章可以说是管理者有效性的两大支柱，起着限高和支撑的作用。只不过，第 5 章不再讨论时间这种资源本身，而是讨论组织和管理者绩效这个最终产品。记录和分析的对象不再是发生在我们身上的事，而是我们应当努力在环境当中促成的事。发展的结果不再是信息，而是品格：远见、自立和勇气。换句话说，发展的是领导力——不是源自才华和天赋的领导力，而是朴实得多但会更加持久的，源自奉献、决心和庄严目标的领导力。

5. 有效的决策关乎理性行动，是本书最后两章讨论的内容。管理者虽无通往有效决策的康庄大道可以走，但仍然可以参照探路者留下的路标寻找方向，在它们的指引下一步一步地行动。例如，管理者如何从多个事件当中发现某个模式，并判断它已经构成某个共性问题，然后确定决策必须满足哪些边界条件，这样一个过程并无清晰的路径可循，因为这必须根据实际情况才能确定，但有哪些事情要做，以怎样的顺序去做，应当是足够清晰的。顺着这些路标，管理者就有望训练自己如何做出负责任的判断。有效决策既需要遵守流程，也要开展分析，但它本质上是关于行动的价值判断。

管理者的自我发展远不只是有效性训练。管理者必须掌握知识和技能，必须随着职业的发展学习许多新的工作习惯，偶尔还不得不改掉一些旧习惯。但是，无论在知识、技能和习惯方面多么出色，如果不先努力提高有效性，它们对管理者也不会有多大用处。

管理者做到了有效也没什么可沾沾自喜的，那只不过是像千千万万的其他人一样做好了本职工作。几乎不会有人把这本关于有效管理者自我训练的书，跟克尔凯郭尔（Kierkegaard）的《基督教徒的养成》（*Training in Christianity*）这本重要手册做比较。人生的目标当然不能止步于成为有效管理者，但正是由于成为有效管理者这个目标非常朴实,我们才有实现它的希望,也就是培养出现代社会及其各类组织大量需要的有效管理者。如果我们需要圣人、诗人,甚至一流的学者去担任知识工作职位,那么大型组织就会成为一种荒谬的东西,无法存在。大型组织的需求必须由可以取得非凡绩效的平凡人去满足。这正是有效管理者必须让自己有能力去做的事。尽管这个目标很朴实,朴实到任何人只要肯去做就应该都可以办到,但成为有效管理者的自我发展是个人的真正发展。这种发展包括从具体细节到态度、价值观和品格,从程序性工作到内心信念的发展。

有效管理者的自我发展对组织的发展至关重要,无论这个组织是政府机构、研究实验室,还是医院或者军队。这是通往组织绩效的唯一路径。管理者在追求有效性的过程中,会提高整个组织的绩效水平,会提高人的眼光——自己和他人的眼光。

这样,组织不但能比过去表现得更加出色,还会有能力去做不同的事情和追求不同的目标。发展管理者的有效性会挑战组织的方向、目标和目的,让人们把注意力从解决问题转向抓住机会,从关心短处转向发挥长处。无论在哪里,这又会提高组织对能力更强和抱负更大的人的吸引力,并且激励人们取得更好的绩效和做出更多的奉献。一些组织之所以更加有效,根源并不是因为它们拥有更好的人。它们之所以拥有更好的人,是因为它们以高标准、好习惯和好氛围激励大家实现自我发展,而这些激励因素又来源于个人在努力成为有效管理者这个过程中进行的系统的、聚焦的、有目的的自我训练。

现代社会的正常运行,甚至是它的存续,都取决于大型组织的有效性、绩效和成果，还有它们的价值、标准和自我要求。

组织的绩效具有如此决定性的意义，还不止发生在经济领域，甚至不限于社会领域，而是延伸到了教育、健康服务、知识进步等方方面面。真正重要的大型组织越来越多的是知识型组织，它们雇用的是知识工作者，这些人中有很多必须成为管理者，必须在自己的工作中对整个组织的成果担负责任，并且因为自己所掌握的知识和所负责的工作，需要做出对整个组织的成果和绩效有影响的决策。

有效的组织并不多见，甚至比有效的管理者还要少。虽然闪光的个案能在这里或那里偶见，但组织的绩效从总体上看还很初级。现代大型组织，包括企业、政府机构、医院和高校，集聚了大量的资源，但它们的成果实在太平庸，工作实在太散乱，实在太沉迷于昨日，不愿做出决策并付诸行动。组织和管理者一样需要系统地提高有效性，需要培养有效性习惯。它们必须学会喂饱机会，饿死问题。它们必须努力让长处富有成效。它们还必须聚焦并明确优先任务，而不是四面出击，却又事事只做一点点。

然而，管理者有效性的确又是有效组织的基本要求，而且它本身就是对组织发展的最重要的贡献。

要让现代社会在经济领域有成效，在社会领域有活力，最大的希望在于管理者的有效性。

本书反复提到，知识工作者正在快速成为发达国家最重要的资源。知识工作者正在成为最大的投资，因为教育是所有投资当中最昂贵的。知识工作者正在成为最大的成本中心。让知识工作者富有成效，是工业化发达社会在经济领域面临的明确需求。工业化国家体力劳动者的成本与欠发达国家和发展中国家的相比没有优势，这些国家在面临低薪发展中国家竞争的时候，只有知识工作者的高生产率才能让它们维持高标准的生活。

迄今为止，只有极度乐观的人才会对工业化发达国家的知识工作者的生产率感到放心。二战后工业化国家劳动力的重心从体力劳动转向知识工作，我认为这个巨大变化的结果还没有充分显现出来。从总体上看，无论看生产率还是看利润率（衡量经济成果的两大标准），它们的增速都没有显著提高。不管工业化发达国家在二战之后做得有多好（成绩的确让人印象深刻），让知识工作者富有成效的任务还没有完成，而它的关键无疑就在于管理者的有效性。这是因为，管理者本身就是起决定性作用的知识工作者，他们的水平、标准以及对自身的要求，在很大程度上决定了他们周围的其他知识工作者的动力、方向和奉献精神。

社会更加需要管理者有效性。现代社会的凝聚和力量越来越依赖于以下两个方面的融合：一是知识工作者的心理需求和社会需求；二是组织和工业社会的目标。

知识工作者通常不会成为社会的经济问题。他相对富裕，职业安全度高，又因为掌握着知识，可以自由变换工作。但是，他的心理需求和个人价值需要通过在组织当中工作和任职去得到满足和实现。他被人当成专业人士，也自认为是专业人士，但同时他又是组织的雇员，需要服从指令。他精通某个知识领域，但必须让知识带来的权威服从于组织的具体目标和总体目标。在知识领域，人们并无上下级之分，只有长幼之别，但组织需要有科层制度。当然，这些都不是什么新问题，军队和政府机构很久以前就曾面临这些问题，也知道怎么去解决。不过，它们都是切实存在的问题。知识工作者不容易陷入贫困，但有可能陷入厌倦、沮丧和沉默的绝望。用一个时髦的词来讲，就是容易变得疏离（alienation）。

19世纪那些迅速发展的国家面临的**最大的**社会问题，是体力劳动者的需要与经济发展之间的经济冲突。这些国家在进入20世纪成为发达国家之后，面临的最大的社会问题也就变成了知识工作者的地位、作用和自我实现问题。

这个问题不会因为我们视而不见就自动消失。（像正统经济学家那样以某种形式）声称只存在经济和社会绩效的"客观现实"，不会让这个问题自动消失。社会心理学家（像耶鲁大学的克里斯·阿吉里斯教授）提出的新浪漫主义，也不会让这个问题自动消失——他们正确地指出组织目标不会自动成为个人的自我实现，并由此得出结论称我们最好是把组织目标扔一边去。事实上，我们必须**同时**满足社会对组织绩效提出的客观需要，也必须满足个体对取得成就和自我实现的需要。

管理者通过自我发展获得有效性，是唯一可能的答案。它是组织目标和个人需要得以融合的唯一途径。管理者努力让长处（包括自己的和他人的长处）富有成效，实际上也是努力让组织绩效和个人成就相互兼容，也是让自己擅长的知识领域变成组织的机会所在。管理者关注贡献，则是努力让自己的价值转化为组织的成果。

体力劳动者只有经济目标，因此只要给予经济报酬就能让他满足——至少19世纪的人这么认为。"人际关系"学派证明，事实并非如此。只要经济报酬达到基本生存线，这个主张立刻就会失效。知识工作者也需要经济报酬，没有它自然是行不通的，但光有经济报酬还不够，他还需要机会，需要成就，需要自我实现，需要价值。知识工作者只有成为有效管理者，他的这些需要才能得到满足。只有管理者有效性能让社会融合它的两种需要：组织从个人那里获得必需的贡献，个人把组织当成达到自身目的的手段。因此，有效**必须学会。**

跋

不要告诉我这次见面很愉快

有人问晚年的彼得·德鲁克，他认为自己最大的贡献是什么，他回答说："我想是帮助过一些好人有效地做正确的事吧。"

德鲁克笔耕不辍60余年，不断提出突破性的观点，然而在他写下的数百万字当中，没有哪个词比"**有效**"二字更重要。有效就是"做好正确的事"，他这样写道。

过去人们简单地认为有效就是把事做完，他给出的这个定义内涵却要丰富得多。其实，本书希望你成为自己，确立超越自我的目标，并且富有勇气地工作。

成为自己，意味着发现和发挥自己独特的长处。

著名投资机构爱德华·琼斯公司（Edward Jones）曾在1980～2003年间聘请德鲁克担任公司的高管顾问和教练。在此期间，该公司从仅在美国的28个州拥有200个办公室，壮大到在美国、加拿大和英国拥有9000多个办公室。

该公司的管理合伙人曾给德鲁克写信，称自己带领高管团队认真学习了1973年出版的德鲁克经典之作《管理：使命、责任、实践》，

因为读的次数太多,"我们的书都翻烂了"。不料德鲁克回答说:

> 我只有一条负面建议给你们,但这条建议挺重要的,那就是停止谈论把你们的组织"德鲁克化",特别是要停止阅读来源非常可疑的资料。你们面临的任务是把你们的组织"琼斯化"——只有你们接受这一点,我才能对你们有一丝一毫的帮助。如果不这样,我很快就会变成威胁——我不想成为威胁。

爱德华·琼斯对德鲁克教诲的应用,不是把公司变成泛泛的"有效",而是更加有效地推动实现公司的独特使命,让投资和财务规划惠及更多民众。

然而,独特性本身是不足以成为指导原则的。"他们满脑子装的是工作本身,而不是成果。他们担忧的是所在组织和上司'欠'自己的东西以及应该为自己做的事。他们最在意自己'应该有'的权力。结果,他们让自己变得无效。"德鲁克在书中指出。

有效管理者通过专注于贡献突破自己。这就要求管理者"超越自己的专业领域、自己有限的技能、自己的部门",他写道,"把注意力投向整个组织的绩效"。

德鲁克在他的《管理的实践》一书中讲了一个他钟爱的故事。那是三个石匠,人们问他们在干什么:

第一个说:"我在挣钱糊口。"第二个边敲石头边回答:"我在干全国最漂亮的石匠活儿。"第三个抬起头来,眼里带着憧憬说道："我在建造大教堂。"

第三个石匠才是有望取得有效性的人。他专注的是外部，是贡献。在这个过程中，他自然可以挣钱糊口，甚至还会成为全国最好的石匠。对于有效管理者来说，利益和荣耀只不过是做好正确的事的副产品。

尽管如此，石匠的工作总归是从凿石头开始的。这对谁来说都是如此。德鲁克反复指出，有效性是**实干**出来的。因此，《卓有成效的管理者》不能只用来阅读和称赞，而是要把它历久弥新的智慧付诸行动。

可口可乐传奇般有效的总裁唐纳德·基奥（Donald Keough）曾是德鲁克的咨询服务客户，他回忆道："他每次结束咨询的时候都会说，'不要告诉我，这次见面很愉快，而是要告诉我，下周一你准备做哪些不同的事'。"

像基奥这样的管理者经常会发现，德鲁克提出的下周一开始改变的这个挑战，看似简单，实则艰难。它不仅要求你定下哪些事是应当做的，还要明确哪些事是不应当做的。

最终，有效管理者必须定下大量的延迟任务，也就是你决定**不去**干的任务，这样才能明确无误地聚焦于少数几项优先任务。这是一个让人望而生畏的前提条件，在数据、信息和知识空前丰富的今天尤其如此。无论优先任务和延迟任务的清单做得有多么聪明，事后去看总是可以做得更加聪明。

然而，德鲁克在《卓有成效的管理者》中振聋发聩地提出："对于区分优先任务和延迟任务，最重要的不是高超的分析，而是勇气。"

以聪明为首要目标是管理者的一宗罪，这样的行为处处跟满脑子只有自身的利益、才干、权力或地位一样有害。尽管制订行动计划总是离不开分析，但分析无法提供**发起**行动所需要的原初火花。

只有勇气才可以满足这个独特的目的。管理者如果没有勇气，就算拥有历史上最绝妙的构想，也只能停留在空想上。有了勇气，知识才会富有成效。

在德鲁克看来，勇气不仅仅是在面对不确定性时敢于作为，它还体现为采取行动的四个具体方式："重视将来，而不是重视过去；专注于机会，而不是专注于问题；选择自己的方向，而不是随波逐流；目标高远，做可以带来不同的事，而不是但求'安全'，做容易的事。"

在撰写《卓有成效的管理者》的数十年前，年轻的德鲁克设法逃离了极权主义的魔爪，随后便开始寻找打败它的方法。他建立管理这个学科，并不是因为这是一个聪明的构想，而是因为他有勇气思考自己可以做什么事去壮大社会的各种组织，因而也是壮大社会本身，以此消除极权主义在20世纪带来的恐惧。

《卓有成效的管理者》体现了德鲁克的勇气，他选择：专注于社会在未来的可能性，而不是专注于过去的悲剧；专注于管理所创造的机会，而不是它所解决的问题；专注于通过倡导更加人性化地践行管理，推动管理学按照他自己设想的方向发展；专注于让社会变得更有效率和更加仁爱这个高远的目标。

总之，《卓有成效的管理者》是德鲁克送给你的礼物，它可以帮助你学会成为自己，确立超越自我的目标，并且富有勇气地工作。

不要告诉我，这本书你读得很愉快，而是要告诉我：
下周一你准备做哪些不同的事。

扎卡里·菲尔斯特（Zachary First）
加利福尼亚州克莱蒙特市
2016 年 5 月 31 日

译者后记
人人都可以成为美好社会的创造者

《卓有成效的管理者》是德鲁克先生的一本小书。说它"小",是因为它篇幅短,正文尚不足 10 万字,恐怕是德鲁克专著当中最薄的一本。

书虽小,却影响巨大。它给了吉姆·柯林斯一套人生"戒律",被柯林斯奉为"德鲁克最经典的一部著作"。它是书中的常青树。从 1966 年诞生至今,它在美国多次再版,最近的是 50 周年纪念版。它的第一个简体中文版于 20 世纪 80 年代问世,后又多次重译出版,至今依旧广受欢迎,经常登上畅销榜。我国很多企业高管认为,这本书常读常新。在一些重视学习的企业中,更是管理者人手一本,定期轮训。

然而,这本书受误读颇多,一些人读它就是被"卓有成效"这四个字吸引的。可实际上,"effective"在本书中甚至都不该理解为"成效"。书中明确指出,现代组织的很多人"不生产独立发挥效用的东西""组织内部无成果可言""发生在组织内部的只有努力和成本"。既然如此,组织内个体的工作又何谈"成效"呢?

就算一定要用"成效"这个词去描述个人努力的结果，那也应当时刻警醒——绝不能认为个人的"成效"必然是对组织的贡献。"天鹅、大虾和梭鱼都很努力，大车却分毫未动。"这句话出自俄国作家克雷洛夫（1769—1844）的寓言故事，印在小学二年级语文课本上。它告诉我们，只要不是朝着大车要去的方向努力，苦劳非但不是功劳，反而是添乱和破坏。

20世纪60年代，德鲁克提出了他观察到的两个重要社会现象。其一，社会成为组织型社会。各种活动和任务主要由各类组织承担，个体需要进入组织去工作，"在组织当中并通过组织"做出贡献。其二，知识工作者兴起。越来越多的个体不再是单纯执行指令的体力劳动者，产出的不再是能够直接产生效用的东西，而是需要使用知识和头脑，把不同知识"片段"组合为最终"产品"，因此过去用于衡量体力劳动的指标"效率"（efficiency），不适合用于衡量知识工作。

德鲁克认为，知识工作者必须具备"有效性"（effectiveness）。这样，个体才不至于沦为克雷洛夫笔下的天鹅、大虾和梭鱼。"如果有效性为零，'绩效'就为零。"

那么，要怎样才能获得或者提高"有效性"？这是全书内容的主体。无论开展什么工作都需要时间，而人拥有的时间固定不变。只有利用好时间，才能更好地实现人生的价值。所以，管好时间是管理者有效的前提条件。在这个前提下，管理者先要回答"去哪里？"的问题。个人的产出只有符合组织绩效的需要，才算得上是对组织的贡献。然后要回答的问题是"谁去干？"。人各有自己的长处和短处，知识工作者更是通常只在某一个或有限几个领域有专长，而不是像普通体力劳动者那样基本无差异，因此只有用人所长，才能"让平凡人做出不平凡的绩效"。接下来要回答"干什么？"的问题。"有效管理者总是先做重要的事，而且每次只做一件。"聚焦于抓住最重要的机会，这既是管理者工作的本质使然，也是人的本质使然。最后回答"怎么干？"的问题。决策是管理者特有的任务。管理者需要做出有效的决策，并把行动嵌入决策当中，确保决策得到落实。

可以看出，《卓有成效的管理者》是一本关于个体自我管理和自我发展的书，它的落脚点是"有效性训练"。一是训练如何找准方向，二是训练如何提高转化率——把知识、技能、想象力、工作习惯等各种"至关重要的资源"转化为绩效的效率。换句话说，本书的关键词是"有效"，而不是"成效"。这提醒我们，学习和践行管理思想，哪怕是"大师中的大师"的思想，也要戒拔高，戒浮躁，应当回到作者的本意，宜平实，宜沉静。（顺便说一句，本书在1999年之前的几个中译本的名字都是《有效的管理者》。）

然而，就算完美解决了个体有效性和自我发展的问题，组织的产出就必然成为对社会的贡献，并让社会更加美好吗？未必。组织同样需要回答有效性的问题，而"现代社会的正常运行，甚至是它的存续，都取决于大型组织的有效性、绩效和成果，还有它们的价值、标准和自我要求"。值得期待的是，"管理者在追求有效性的过程中，会提高整个组织的绩效水平，会提高人的眼光——自己的和他人的眼光"。

作者的主张应已昭然若揭：知识工作者提高有效性，不仅是个体自我实现之所需，更是营造美好社会的必经之路。毕竟，真正的能动因素只有人。社会的真实创造者，正是无数的组织，进而是组织中的无数个体。

当然，对大部分人来说，学习和实践意味着需要高质量的译本。一位数十年来以传播德鲁克思想为己任的长者在反思自己的经历时说："传播德鲁克思想，先从好的译本开始。"随着信息技术和知识管理的进步，人们获取信息越来越便利，我辈有责任站在前人的肩膀上拿出更好的译本。本书就是这样的一次尝试。

容知日新、锐捷网络、VeSync、西安华中、志邦家居等五家常年组织研读和践行德鲁克思想的企业，资助成立了"纪念彼得·德鲁克翻译基金"，计划为德鲁克系列著作的翻译优化提供资金支持，以吸引和鼓励译者慢工出细活儿。本书即是翻译基金资助的第一本。我们在翻译过程中曾召开研讨会给译文挑错，后又以小组讨论的形式反复审校，努力做到字斟句酌，以期不歪曲作者的原意，不辜负读者的信任。

感谢翻译基金的发起人康至军先生。他发现了我的私译本，然后推荐给机械工业出版社，促成译本出版，还深度参与了研讨和审校。感谢王磊女士。她是德鲁克著作的引进者和出版这个新译本的关键决策者，也参加了研讨。感谢研讨会东道主公言非先生，还有参与研讨的陈特立、李庆璋、林琳、柳亚涛、时务杰、孙志勇、徐洪江、杨黎明、袁浩明、曾志民。感谢先参加研讨后又审校译本的曾佳和赵云爱女士以及慈玉鹏先生。他们无私贡献了自己的智慧和大量时间。感谢翻译基金的康志恒先生。他为研讨和审校整理了十数万字的笔记。感谢刘雪慰女士。她因档期冲突未能按最初的计划完成全书的审校，但处理过的近两万字起了很好的示范作用。感谢推荐序的作者吉姆·柯林斯、跋的作者扎卡里·菲尔斯特以及德鲁克管理学院档案负责人布里奇特·劳勒（Bridget Lawlor）博士的答疑。感谢本书责任编辑李文静和闫广文努力雕琢书的细节。感谢我的夫人和孩子们让我对生活满怀希望，无所畏惧。

译本当中难免仍存失当甚至错误之处，责任在我，还请不吝指正。

辛弘
2021 年 12 月 12 日

彼得·德鲁克全集

序号	书名	要点提示
1	工业人的未来 The Future of Industrial Man	工业社会三部曲之一，帮助读者理解工业社会的基本单元——企业及其管理的全貌
2	公司的概念 Concept of the Corporation	工业社会三部曲之一，揭示组织如何运行，它所面临的挑战、问题和遵循的基本原理
3	新社会 The New Society：The Anatomy of Industrial Order	工业社会三部曲之一，堪称一部预言，书中揭示的趋势在短短十几年都变成了现实，体现了德鲁克在管理、社会、政治、历史和心理方面的高度智慧
4	管理的实践 The Practice of Management	德鲁克因为这本书开创了管理"学科"，奠定了现代管理学之父的地位
5	已经发生的未来 Landmarks of Tomorrow：A Report on the New "Post-Modern" World	论述了"后现代"新世界的思想转变，阐述了世界面临的四个现实性挑战，关注人类存在的精神实质
6	为成果而管理 Managing for Results	探讨企业为创造经济绩效和经济成果，必须完成的经济任务
7	卓有成效的管理者 The Effective Executive	彼得·德鲁克最为畅销的一本书，谈个人管理，包含了目标管理与时间管理等决定个人是否能卓有成效的关键问题
8 ☆	不连续的时代 The Age of Discontinuity	应对社会巨变的行动纲领，德鲁克洞察未来的巅峰之作
9 ☆	面向未来的管理者 Preparing Tomorrow's Business Leaders Today	德鲁克编辑的文集，探讨商业系统和商学院五十年的结构变化，以及成为未来的商业领袖需要做哪些准备
10 ☆	技术与管理 Technology，Management and Society	从技术及其历史说起，探讨从事工作之人的问题，旨在启发人们如何努力使自己变得卓有成效
11 ☆	人与商业 Men，Ideas，and Politics	侧重商业与社会，把握根本性的商业变革、思想与行为之间的关系，在结构复杂的组织中发挥领导力
12	管理：使命、责任、实践（实践篇） Management:Tasks,Responsibilities,Practices	为管理者提供一套指引管理者实践的条理化"认知体系"
13	管理：使命、责任、实践（使命篇） Management:Tasks,Responsibilities,Practices	为管理者提供一套指引管理者实践的条理化"认知体系"
14	管理：使命、责任、实践（责任篇） Management:Tasks,Responsibilities,Practices	
15	养老金革命 The Pension Fund Revolution	探讨人口老龄化社会下，养老金革命给美国经济带来的影响
16	人与绩效：德鲁克论管理精华 People and Performance: The Best of Peter Drucker on Management	广义文化背景中，管理复杂而又不断变化的维度与任务，提出了诸多开创性意见
17 ☆	认识管理 An Introductory View of Management	德鲁克写给步入管理殿堂者的通识入门书
18	德鲁克经典管理案例解析（纪念版） Management Cases(Revised Edition)	提出管理中10个经典场景，将管理原理应用于实践

彼得·德鲁克全集

序号	书名	要点提示
19	旁观者：管理大师德鲁克回忆录 Adventures of a Bystander	德鲁克回忆录
20	动荡时代的管理 Managing in Turbulent Times	在动荡的商业环境中，高管理层、中级管理层和一线主管应该做什么
21 ☆	迈向经济新纪元 Toward the Next Economics and Other Essays	社会动态变化及其对企业等组织机构的影响
22 ☆	时代变局中的管理者 The Changing World of the Executive	管理者的角色内涵的变化、他们的任务和使命、面临的问题和机遇以及他们的发展趋势
23	最后的完美世界 The Last of All Possible Worlds	德鲁克生平仅著两部小说之一
24	行善的诱惑 The Temptation to Do Good	德鲁克生平仅著两部小说之一
25	创新与企业家精神 Innovation and Entrepreneurship:Practice and Principles	探讨创新的原则，使创新成为提升绩效的利器
26	管理前沿 The Frontiers of Management	德鲁克对未来企业成功经营策略和方法的预测
27	管理新现实 The New Realities	理解世界政治、政府、经济、信息技术和商业的必读之作
28	非营利组织的管理 Managing the Non-Profit Organization	探讨非营利组织如何实现社会价值
29	管理未来 Managing for the Future:The 1990s and Beyond	解决经理人身边的经济、人、管理、组织等企业内外的具体问题
30 ☆	生态愿景 The Ecological Vision	对个人与社会关系的探讨，对经济、技术、艺术的审视等
31 ☆	知识社会 Post-Capitalist Society	探索与分析了我们如何从一个基于资本、土地和劳动力的社会，转向一个以知识作为主要资源、以组织作为核心结构的社会
32	巨变时代的管理 Managing in a Time of Great Change	德鲁克探讨变革时代的管理与管理者、组织面临的变革与挑战、世界区域经济的力量和趋势分析、政府及社会管理的洞见
33	德鲁克看中国与日本：德鲁克对话"日本商业圣手"中内功 Drucker on Asia	明确指出了自由市场和自由企业，中日两国等所面临的挑战，个人、企业的应对方法
34	德鲁克论管理 Peter Drucker on the Profession of Management	德鲁克发表于《哈佛商业评论》的文章精心编纂，聚焦管理问题的"答案之书"
35	21世纪的管理挑战 Management Challenges for the 21st Century	德鲁克从6大方面深刻分析管理者和知识工作者个人正面临的挑战
36	德鲁克管理思想精要 The Essential Drucker	从德鲁克60年管理工作经历和作品中精心挑选、编写而成，德鲁克管理思想的精髓
37	下一个社会的管理 Managing in the Next Society	探讨管理者如何利用这些人口因素与信息革命的巨变，知识工作者的崛起等变化，将之转变成企业的机会
38	功能社会：德鲁克自选集 A Functioning society	汇集了德鲁克在社区、社会和政治结构领域的观点
39 ☆	德鲁克演讲实录 The Drucker Lectures	德鲁克60年经典演讲集锦，感悟大师思想的发展历程
40	管理（原书修订版） Management(Revised Edition)	融入了德鲁克于1974~2005年间有关管理的著述
41	卓有成效管理者的实践（纪念版） The Effective Executive in Action	一本教你做正确的事，继而实现卓有成效的日志笔记本式作品

注：序号有标记的书是新增引进翻译出版的作品。

读经典原著，体悟原汁原味的德鲁克

中英文双语版 全套精装

畅销20年，风靡36个国家德鲁克作品精选 荷兰进口轻型纸印刷 携带轻便

创新与企业家精神（中英文双语版）
有关创新和创业实践的经典之作，探讨创新的原则，创新的机会，将创意发展为可行性事业所需注意的原则和禁忌

卓有成效的管理者（中英文双语版）
管理者如何做到卓有成效，德鲁克最畅销的作品之一，全球销售1000余万册，职场人案头必备

管理的实践（中英文双语版）
开创管理"学科"的奠基之作，德鲁克因此书被称为"现代管理学之父"

21世纪的管理挑战（中英文双语版）
从6大方面深刻分析了管理者和知识工作者在21世纪面临的挑战

解 — 读 — 德 — 鲁 — 克 — 系 — 列

掌握德鲁克管理思想精髓的快速入门手册

◎ **那国毅　德鲁克的中国学生**

《百年德鲁克（第2版）》
作为德鲁克的学生，那国毅先生在本书中阐述了自己对大师思想和代表性作品的诠释与解读

◎ **约瑟夫 A.马洽列洛（Joseph A.Maciariello）**
与德鲁克共事26年 全球权威德鲁克思想研究专家

《失落的管理艺术》
从人文视角分析管理难题，倡导管理者将社会看作一个生态系统，用管理的力量实现整个社会的可持续发展

《卓有成效的领导者：德鲁克52周教练指南》
将德鲁克的思想转化成可在52周实际执行的领导课程，帮助读者在企业管理实践中自如运用

◎ **威廉·科恩（William A. Cohen）**
德鲁克博士项目第一批毕业生，美军少将

《德鲁克的自我发展智慧》
重要的是，知识工作者，在人到中年之时，已经把自己培养成一个'人'，而不是税务师或水利工程师

《德鲁克的十七堂管理课》
需要什么样的素质我们才能成为高效的领导者，为什么"人人都知道"的东西却往往是错误的，如何将德鲁克思想应用于管理实践

◎ **上田惇生**
与德鲁克相交多年的友人
日本研究德鲁克的顶级权威学者

《卓有成效的变革管理》
《卓有成效的个人管理》
《卓有成效的社会管理》
《卓有成效的组织管理》
一日一读，德鲁克经典管理思想语录集

欧洲管理经典 全套精装

欧洲最有影响的管理大师
（奥）弗雷德蒙德·马利克 著

超越极限
如何通过正确的管理方式和良好的自我管理超越个人极限，敢于去尝试一些看似不可能完成的事。

转变：应对复杂新世界的思维方式
在这个巨变的时代，不学会转变，错将是你的常态，这个世界将会残酷惩罚不转变的人。

管理成就生活（原书第2版）
写给那些希望做好管理的人、希望过上高品质的生活的人。不管处在什么职位，人人都要讲管理，出效率，过好生活。

管理：技艺之精髓
帮助管理者和普通员工更加专业、更有成效地完成其职业生涯中各种极具挑战性的任务。

战略：应对复杂新世界的导航仪
制定和实施战略的系统工具，有效帮助组织明确发展方向。

公司策略与公司治理：如何进行自我管理
公司治理的工具箱，帮助企业创建自我管理的良好生态系统。

正确的公司治理:发挥公司监事会的效率应对复杂情况
基于30年的实践与研究，指导企业避免短期行为，打造后劲十足的健康企业。

读者交流QQ群：84565875